大樂文化

連凱因斯也想學的38堂

Economics Stories

極簡經濟學

一看就懂！
從投資到管理，
讓你 3 年輕鬆賺千萬

錢明義——著

Contents

第5章 管理勝出靠的是業績，還是省成本？

前言
這是連智商六十的人都能懂的經濟學讀本！

經濟學到底是什麼？曾經有個笑話說：智商在六十以下的人都可以成為經濟學家。眾所周知，一般人的智商落在九十到一百之間，智商七十以下的人屬於智能不足。這表示，智能不足的人也能成為經濟學家。雖說這番話稍微有些誇張，但正如某個經濟學家所說，經濟學是一門生活化的學問，專門研究人們生活中的活動與思考，一般人經過努力，都可以成為經濟學家。

但是，經濟學真的有這麼容易理解嗎？為什麼當我們接觸到GDP（國內生產毛額）、CPI（消費者物價指數）、PPI（生產物價指數）、恩格爾係數、吉尼係數等名詞時，還是一頭霧水呢？怎樣才算是通貨膨脹？錢升值好還是不升值好？什麼叫積極和緊縮的財政政策？即便讀到大學畢業，我們面對這些詞彙時，可能還是似懂非懂。

原因很簡單，因為平時接觸這些詞彙時，呈現在我們面前的經常只是一個概念，或一堆乾巴巴的文字堆砌在一起，讀起來乏味。但如果我們採取另一種方式，或許理解起來就不一樣了。大家都知道十比九大，但是在經濟學中，十卻比九小，這究竟是為什麼呢？

現實生活中有一種現象：女性都希望自己維持在二十九歲，不想成為三十歲。男性也有類似的想法，認為四十九歲屬於壯年，還是盛開的花，到了五十歲，這朵花可能就枯萎了。這雖然是心理上對年齡的一種抗拒，但是人們內心深處就是感覺九比十還珍貴。所以，我們在商場或超市看到的商品價格，寧願定價為九十九元，而不是一百元。

經濟學上之所以會出現十比九小的理論，其實是因為九比十更稀有，而越稀有的商品，價值就會越高。也就是說，如果鑽石像水一樣常見，結婚鑽戒可能就失去價值了。

從上面的例子，我們可以瞭解商品的價值與供應的關係，像是商品的稀缺性，以及為什麼在商場及超市中價格通常以九結尾。這些有趣的故事能幫助我們理解經濟現象。如果可以用一個故事總結這些經濟學詞彙，我們或許能成為經濟學家，或者至少更加瞭解市場的規律，進而選擇消費。

本書就是基於這種初衷，為讀者呈現有趣的故事，讓你透過故事瞭解身邊的一些經濟學原理。例如：為什麼魚與熊掌不可兼得？怎麼讓屋外吵鬧的小孩不再來打擾？為什麼斤斤計較其實是處處吃虧？

此外，你還可以知道如何選擇投資的種類，以及該生產什麼？該消費什麼？從一個經濟學門外漢變身為經濟學專家，做一個聰明理性的社會人。

第1章

世界上沒有不懂經濟的富人，那你呢？

經濟學家的思想比世俗理解的更有影響力。

——約翰・凱因斯（John Keynes）

為何「吃狗屎」的笑話，可以創造社會財富？——GDP

「吃狗屎」也能創造一億元GDP？來看一則笑話。

經濟學研究生甲和乙一起走在路上，他們發現前面不遠處有一坨狗屎。甲看著狗屎對乙說：「你把它吃了，我就給你五千萬。」乙聽完這話心想：這麼容易就能賺到五千萬，臭就臭吧，大不了拿錢去洗胃。於是，他便把狗屎吃光了。

兩個人繼續向前走，雖然一路上有說有笑，但兩人心裡難免有點不平衡。甲白白損失了五千萬，乙雖然賺到五千萬，可是一想到吃了坨狗屎，心裡就不舒服。

這時，他們發現不遠處又有一坨狗屎，為了找回心理平衡，乙指著狗屎對甲說：「你把它吃了，我也給你五千萬。」甲有點猶豫，但一想到可以把之前損失的五千萬賺回來，又想到乙也吃過了，於是甲便把狗屎吃了。

這下子，兩人的心裡都舒坦了。他們繼續往前走，越想越覺得不對勁，兩個人的資本一點也沒有增加，反而一人吃了一坨狗屎。

最後他們決定去找教授理論，沒想到教授聽了他們的話之後，竟然說：「你們應該高興啊，因為你們僅僅吃了兩坨屎，就為國家貢獻了一億的GDP！」

雖然這是一則笑話，但笑過之後可以發現，無論是兩名學生還是教授，都不夠瞭解GDP。為了避免這種笑話出現在生活當中，我們還是先初步認識GDP吧。

一個國家貧或富，看GDP就知道

GDP（Gross Domestic Product）即國內生產毛額，是指一個國家（地區）中在一定時期內（一季或一年），**生產出最終產品和勞務的市場價值總和**，常被公認為**衡量國家經濟狀況的最佳指標**。它不但可以反映一個國家的經濟表現，更可以**反映國力與財富**。

一般來說，國內生產毛額共有四個不同的組成部分，其中包括消費、私人投資、政府支出和淨出口額。GDP有一個公式，可透過三種計算方式計算，如圖1所示。

對於研究生甲和乙來說，他們既沒有為國家提供食品、服裝等有形的貨物，也沒有付出科學、教育、文化、衛生等方面的服務。每人各吃了一坨狗屎後，都沒有產生更多的價值，手中的錢也絲毫沒有折損。與之前比，既沒有投資，更沒有利潤可言。

所以，他們只是吃了兩堆不能算到GDP裡的垃圾，完全沒有教授所言的創造價值。

圖 1

GDP 的公式：
GDP ＝ CA ＋ I ＋ CB ＋ X。
（CA 為消費、I 為私人投資、CB 為政府支出、X 為淨出口額）

GDP 的計算方法有三種：

① **生產法**

GDP ＝ Σ 各部門的總產出 － Σ 各部門的中間消耗。

② **收入法**

GDP ＝ Σ 各部門勞動者報酬 ＋ Σ 各部門固定資產折舊 ＋ Σ 各部門生產稅淨額＋Σ 各部門營業利潤。

③ **支出法**

GDP ＝ 總消費 ＋ 總投資 ＋ 淨出口。

GDP也能看出國家地位

美國經濟學家保羅・薩繆森（Paul Samuelson）認為，GDP是二十世紀偉大的發明。他將GDP比喻為天氣的衛星雲圖，能夠提供經濟狀況的完整圖像，協助領導者判斷經濟是在萎縮還是膨脹，需要刺激或控制，處於嚴重衰退還是通膨威脅之中。沒有GDP作為總指標，政策制定者就會陷入雜亂無章的數字汪洋而不知所措。

由此可見，GDP猶如總體經濟的晴雨錶，能夠衡量所有國家與地區的經濟狀態。在國際社會中，**一個國家的GDP與該國承擔的國際義務、享受的優惠待遇密切相關**。

例如，聯合國決定一國的會費時，會以該國「連續六年的GDP和人均GDP（註：GDP除以人口，即每個人可分到的產值）」作為根據；世界銀行也是根據「人均GDP」決定一國所能享受的優惠待遇。GDP的重要性可見一斑。

但是，GDP畢竟只是宏觀經濟的一個指數，具有局限性，並**不能準確反映經**

濟發展的所有問題。GDP數字增長的背後，可能存在對資源環境的浪費破壞，以及人力物力的浪費。

知識連結

GNP（Gross National Product），即國民生產毛額，是指**一個國家（地區）所有常駐機構在一定時期內（年或季），生產出最終產品和勞務的市場價值總和**。

一個國家中，所有常駐機構從事生產活動所創造的增加值（國內生產毛額），在初次分配過程中，主要會分配給這個國家的常駐機構，但也有一部分以勞動者報酬和財產收入等形式，分配給該國的非常駐機構。同時，國外生產機構創造的增加值，也有一部分以勞動者報酬和財產收入等形式，分配給該國的常駐機構，從而產生國民生產毛額概念，它等於國內生產毛額加上來自國外的勞動報酬和財產收入，減去支付給國外的勞動者報酬和財產收入。

GNP的計算方法有三種（三種計算得出的結果應為一致）：

①**生產法**（或稱部門法）：從各部門總產值（收入）減去中間產品和勞務消耗，得出增加值。各部門增加值的總和就是國民生產毛額。

②**支出法**（或稱最終產品法）：個人消費支出＋政府消費支出＋國內資產形成總額（包括固定資本和庫存淨增或淨減）＋出口與進口的差額。

③**收入法**（或稱分配法）：將GNP看作各種生產要素（資本、土地、勞動）所創造的增加價值總額。

因此，GNP會以工資、利息、租金、利潤、資本消耗、間接稅淨額

（即間接稅減政府補貼）等形式，在各種生產要素中進行分配。

如此一來，將全國各部門（物質生產部門和非物質生產部門）的各個專案加以匯總，就可以計算出GNP。

三種城市人的生活品質，誰「幸福」？——CPI

小李、小趙、小張在大學時代是非常要好的朋友，大學畢業後，分別在不同城市裡生活。

轉眼到了放年假的時候，好幾年沒見面的三人為了重溫往日的美好情誼，決定共進晚餐。

這場飯局非常融洽，三人各自擁有事業和家庭，似乎又回到無話不談的學生時代。他們的話題不外乎工作、家庭，以及生活在不同城市的各種感想。

小李現在是大都市的公司職員，月薪不低，但總覺得手頭很緊，錢經常不夠用。他抱怨所在城市的物價很高，購物往往要花掉大筆的錢，但是自己的收入與消費根本不成正比。

小趙聽聞後也有相同的感慨。他沒有去大都市生活，而是留在鄉鎮工作，這個地方的薪資沒有大都市高，物價雖然比較低，卻還是占了收入的大部分。他附和地笑了笑，表示贊同小李。

對於這個問題，小張卻不這麼認為。他生活在中型城市，雖然不及大都市繁華，但是比起鄉鎮好很多，不但生活品質好，薪資也比小趙高。而且，因為他所在的城市不是很發達，就業競爭壓力不大，物價處於中等偏下。他不需要花很多錢，就能買到需求的商品，因此對現在的生活品質感到非常滿意。

為什麼同樣的工作能力，差別不大的薪資，只因為住的地方不同，便會帶來不同的幸福度呢？

想聽懂前面故事裡的含義，首先要瞭解CPI這個經濟學名詞。那麼，什麼是CPI呢？

繁華都市藏著通貨膨脹的陷阱

CPI（Consumer Price Index）即「消費者物價指數」，指的是**根據居民生活相關的商品及勞務價格，而統計出的物價變動指標**，通常作為觀察通貨膨脹水準的重要指標。一般說來，**當CPI的增幅大於三％，可稱為通貨膨脹**；當CPI的增幅大於五％，則稱為嚴重的通貨膨脹。

CPI可用來衡量固定的消費品價格，主要反映消費者支付商品和勞務的價格變化，也是一種評估通貨膨脹率的工具，表達形式以百分比變化呈現。

在美國構成這項指標的主要商品共分八大類，包括食品和飲品、住宅、衣著、教育和通訊、交通、醫藥健康、娛樂、其他商品及服務。瞭解這個名詞的含義後，就能知道為什麼生活在不同城市裡，生活品質卻不盡相同。

首先，小李所在的城市是發達的大都市，雖然居民的收入高，但人口多、競爭壓力大，所需要商品的數量大，因此能提供居民消費的商品也比較多。由於商品多，導致產品的供大於求，有通貨膨脹的跡象，所以居民手頭上的貨幣就較不值錢，能用一百元買到的商品，價值可能只值九十幾元，雖然居民能賺到的錢比其他地方的居民多，但是用於支付商品的錢比較多，影響居民的生活品質。

小張所在的城市雖然不如大都市發達，但是經濟狀況比小鄉鎮好得多，居民的消費水準也不低，跟城市的發達程度成正比。由於競爭壓力比大都市來得小，出現通貨膨脹的機率比較小，居民花費較少的錢就可以買到商品，不用為商品支付更多的額外賬目，所以居民的幸福感會高於其他城市。

知識連結

核心CPI（Core CPI，註：即核心消費者物價指數）是指剔除受氣候和季節影響的產品價格後，得出的**消費者物價指數**。

美國的核心CPI是將食品和能源價格剔除後，得出的消費者物價指數。這種方法最早是由美國經濟學家羅伯特・戈登（Robert Gordon）於一九七五年提出。一九七四到一九七五年，美國受到第一次石油危機的影響，出現較大幅度的通貨膨脹，**當時消費物價之所以上漲，主要是受到食品和能源價格的影響**。

當時有不少經濟學家認為，美國發生的食品和能源價格上漲，供給因素的影響較大，受到需求影響較小，因此提出扣除食品和能源價格的變化，以更精確地衡量物價水準變動。

從一九七八年起，美國勞工統計局（US Bureau of Labor Statistics，簡稱BLS）公佈從消費物價指數和生產物價指數中，剔除食品和能源物價之後的上漲率。但是在美國經濟學界，關於判斷物價水準時是否應該從CPI中扣除食品和能源價格，至今仍存在爭議。

一般情況下，人們更加關心的是CPI的百分比變動幅度，這讓不瞭解經濟學的人們誤以為CPI只是一個變動率。

實際上，**在通常情況下，CPI是一個大於一的整數**，即一系列參考商品的價格，呈現的形式是相較於基期物價（註：統計數據用於比較基礎的時間）的相對價格，而不是一個變動率數值。其計算方法與股票市場的價格指數十分相似。

計算方法為實獲值（Earned Value，簡稱EV）除以實際成本（Actual Cost，簡稱AC）。也就是說：CPI＝EV／AC。

當CPI大於等於一時，表明情況有利；而當CPI小於一時，表明情況不利。

窮人與富人的差距在哪裡？——吉尼係數

網路上流行一句話：**窮人是消費者，富人是投資者；窮人負責發現，富人負責發揚**。

這句流行語在不經意中，一針見血地披露窮人和富人的差距。與其說窮人最缺的是錢，倒不如說窮人最缺的是創造財富的能力。種種弱點及所處的社會環境，都讓窮人的處境十分艱難。

許多現代人都喜歡逛街花錢，把大包小包的打折商品帶回家、塞進櫃子，最後將它們當作垃圾處理掉。這就是窮人的消費模式，只追求購物的過程，反而忽略商品最重要的價值。也就是說，**窮人的興趣只在於讓錢流出去，而不在於讓錢流進來**。正因為很多窮人都有著這樣的理念，所以一輩子都只能是窮人。

一件衣服可能會在潮流的影響下，因為款式不再新穎而貶值，不久便被人遺忘。相反地，購置可營利的資產，則會讓錢源源不斷地流進你的荷包。如果擁有一棟可以讓錢流進口袋的房子，那就是資產，但如果為了這棟房子，讓錢從口袋流出去，它就變成了你的負債。

當窮人不斷做著買彩券、中大獎的白日夢時，富人想的卻是該如何經營彩券行。當許多窮人熱心於房地產和股票市場，富人卻十分清醒，知道最快賺到錢的方法是自己成立公司當老闆，把公司經營好。

如果一個人的全部精力都集中在怎樣選號、投注、中大獎，這個人就擁有典型的窮人思維，成功的機率只有千萬分之一，幾乎等於零。而且，他的錢永遠只能被別人匯聚、利用，成為其他人事業的基石。

窮人做事情，富人做事業。事業和事情差之毫釐，謬以千里，兩者在時間、空間和性質上，都絕不相同。

生活觀念和思維方式的不同，直接導致人們在財產收入，以及資源配置上的不平衡，富人和窮人也由此出現。

提及窮人和富人之間的差距，最需要瞭解的便是吉尼係數。出於對國家的貧富差距的關注，人們發明了很多評價貧富差距的指標和參數，吉尼係數就是最著名的一個。

貧富差距，就在零到一之間

吉尼係數（Gini Coefficient）也譯成堅尼係數，是經濟學家阿爾伯特・赫希曼（Albert Hirschman）根據羅倫茲曲線所定義，是用來判斷收入分配公平程度的指標，也是**國際上考察居民收入分配差異的重要指標**，比例數值界於零和一之間。**吉尼係數越小，收入分配越平均；吉尼係數越大，收入分配越不平均**。一般來說，〇・四是**貧富差距的警戒線**，一旦大於這個數值，容易出現社會動盪。

吉尼係數的經濟含義是：**在全部居民收入中，分配不平均的收入占總收入的百分比**。吉尼係數最大為一，最小為零。前者表示居民之間的收入分配絕對不平均，即全部的收入皆被一部分的人佔有，而後者則表示居民之間的收入分配絕對平均，人與人之間收入完全平等，沒有任何差異。但這兩種情況只是理論上的狀態，一般不會在實際生活中出現。因此，吉尼係數的實際數值只能介於零到一之間。

目前，國際上有很多用來分析和反映居民收入分配差距的方法。吉尼係數能反映居民之間貧富差異程度的界線，可以較客觀、直接地顯示居民之間的貧富差距，並預防過於嚴重的貧富問題，因此得到世界各國的廣泛認同和普遍採用。

吉尼係數，按照聯合國相關組織規定（吉尼係數的每個會級，代表不同的貧富差距現況）：

■低於〇・二，表示收入高度平均。
■〇・二到〇・二九，表示比較平均。
■〇・三到〇・三九，表示相對合理。
■〇・四到〇・五九，表示收入差距較大。
■高於〇・六，表示收入差距懸殊。

隨著貧富差距逐漸拉大，吉尼係數也漸漸成為人們熱議的話題之一。根據行政院主計總處調查，台灣二〇一八年的吉尼係數為〇・三三八，不過也有人認為吉尼係數的作用被誇大，數字僅供參考。

整體而言，吉尼係數是一個能夠反映收入分配公平程度、衡量收入分配差距的指標。

知識連結

羅倫茲曲線（Lorenz Curve）用於研究國民收入在國民之間的分配問題，由美國統計學家馬克斯・羅倫茲（Max Lorenz）於一九〇五年提出。

首先，將一國人口按照收入由低到高排序，然後將不同比例人口所擁有的收入繪製成曲線。

一間房子到底值多少錢？——購買力

接下來要說的故事相當耐人尋味，發生在中國和美國這兩個完全不同的國家。

張女士是在普通公司上班的中年婦女，一直想要擁有屬於自己的房子，她雖然多少有些儲蓄，但房價還是讓她望塵莫及。於是，她遵循老方法，與丈夫在生活上非常節約，除了生活上必要的開銷，幾乎很少亂花錢，把剩下的錢都存到銀行裡，還買了基金、股票，希望能靠自己的節儉與勤勞，早一點存到買房子的錢。

他們開始了艱苦的生活，買房子是他們唯一的盼望。不過，他們慢慢變老，身體也開始變差，張女士在一場大病後，住進了醫院。不幸的是，張女士最後去世了，直到臨終都沒有買到自己期盼的房子。

遠在美國的另一個家庭，他們和張女士的情況差不多，同樣屬於勞動階級，買房子也不容易。但是，他們的觀念與張女士相反，向銀行貸了一筆錢，買到屬於自己的房子。

這個故事關係到另一個名詞：**購買力**（Buying Power）。正因為不同的購買力與不同的消費方式，導致兩種不同的故事結局。

各種收入，都會形成購買力

購買力是指在一定時期內用於購買商品的貨幣總額。社會購買力源於以下幾種款項，包括各種社會階級勞工的工資收入、其他職業勞工的工資、居民從財政方面得到的收入（如補貼、救濟、獎勵等）、銀行和信用機構的貸款、預購定金淨增加額、居民其他收入、社會集團購買消費品的貨幣。此外，購買力也指對商品的購買能力。

順帶一提，社會購買力主要由三部分組成：居民購買消費品的貨幣支出、社會集團購買力、農民購買農業生產資料的貨幣支出。另外，也可用來指單位貨幣能買到商品或勞務的數量，即貨幣購買力。它決定貨幣本身的價值、商品的價值，或是勞務費用的高低。

購買力的高低，取決於社會生產和國民收入的分配。社會購買力隨著社會生產的增長不斷提高，而國民收入中儲蓄與消費比例關係的變化，也會對購買力產生直接影響。

知識連結

商品是為交換而生產（或用於交換）的勞動產物。商品的基本屬性是價值和使用價值，其中價值是商品的本質屬性，使用價值則是商品的自然屬性。社會集團購買力指的是，社會集團用公款在市場上購買非生產性商品的資金。

為什麼小偷要偷籃子卻不偷錢？——通貨膨脹

以下是第一次世界大戰後，在德國流傳的笑話：有個小偷潛入一戶民家偷東西時的時候，看見一個籃子裡裝滿錢。小偷拿起籃子看了看，然後把錢倒出來，將籃子提走了。

為什麼小偷不要錢，反而帶走籃子呢？原來，當時德國的貨幣已經貶值到人們難以想像的程度。因此，小偷比較籃子與錢的價值後，覺得籃子的價值更高。

第一次世界大戰後，德國的經濟已處於崩潰邊緣，為了償還高昂的戰爭賠款，只能日夜趕印鈔票，想透過大量發行貨幣籌資賠款。德國政府這種迫於無奈為的方式，引發德國歷史上最引人注目的超速通貨膨脹。

一九二二年一月到一九二四年十二月，短短兩年時間，德國的貨幣和物價一直以驚人的比率上升。我們可以從一份報紙的價格看出物價上升的程度：一九二一年一月到一九二三年的十月，一份報紙從〇・三馬克上升到八馬克（註：一馬克約為台幣十七・四元）。隔年二月升至一百馬克，同年九月變成一千馬克，十月一日的兩千馬克，同月十五日的十二萬馬克、二十九日的一百萬馬克，隔月二十九日的五百萬馬克，十二月十七日飆漲至七百萬馬克。到了一九二四年，甚至漲到七千萬馬克。

一份報紙從最開始的〇・三馬克漲到七千萬馬克。伴隨著貨幣的貶值，德國進入了超速通貨膨脹。接下來，就先瞭解一下恐怖的**通貨膨脹**（Inflation）。

恐怖的通貨膨脹，讓一萬億元變一元

通貨膨脹指的是，在紙幣流通的條件下，因貨幣供給大於貨幣實際需求，即現實購買力大於產出供給，導致貨幣貶值，因而引起一段時間內物價持續上漲的現象，這表示社會總需求大於社會總供給，即供小於求。

二〇〇九年二月，辛巴威中央銀行（Central Bank，俗稱「央行」）針對國內驚人的通貨膨脹，行長決定從發行的巨額鈔票上去掉十二個零。這樣一來，辛巴威的一萬億鈔票就相當於一元。也就是說，此時辛巴威的通貨膨脹率已經達到百分之十億。

由此可見，辛巴威通貨膨脹的主要原因，是貨幣供給率高於經濟規模的增長率，即紙幣發行量超過流通中實際需要的貨幣量。

除了加印貨幣，這些也會造成通貨膨脹

有關紙幣發行量超過實際需要的貨幣量問題，經濟學家表示，外貿順差和投資過熱都可能導致這個問題的發生。

首先來介紹外貿順差。所有外貿企業出口商品所換回的美元，都要上交到中央銀行，再由政府返還本國貨幣給企業。所以，企業賺取多少外匯，央行就要加印相等的本國貨幣返還。如此一來，本國貨幣印量雖多，在外貿順差的情況下，還是很

可能發生通貨膨脹，影響國內市場商品的流通量。

通貨膨脹現象的發生，通常是因為經濟運行總體面出現問題，其實就是**社會總需求大於社會總供給**。因此，投資過熱也可能導致通貨膨脹。許多開發中國家的政府為了達到「以投資推動經濟」的目的，積極投入基礎建設。於是，加印更多紙幣的可能性就會提高。

此外，現實生活中還有一種隱性的通貨膨脹，指的是社會經濟中存在通貨膨脹的壓力，或潛在的價格上升危機，但由於政府的嚴格控制，才沒有真的發生通貨膨脹。**一旦政府放鬆管理，隨時可能會發生通貨膨脹**。

當手裡的錢開始失去價值，許多人都會擔憂通貨膨脹。但一些經濟學家表示，物價上漲率在二・五%內稱為「**溫和通膨**」（Moderate Inflation，註：即「溫和的通貨膨脹」）。他們認為溫和通膨不會引起太大的社會混亂，反而能幫助刺激經濟發展。

在經濟快速發展的今天，雖然普通百姓會注意到通貨膨脹的現象，但面對源自經濟運行總體面的問題，除了進行實物投資、減少貨幣流入等措施，人們還是傾向依賴政府調控貸款利率、貨幣政策等措施。

知識連結

通貨緊縮（Deflation）指的是市場上流通貨幣減少，人們的貨幣所得減少，購買力下降，造成物價下跌。**長期的貨幣緊縮會抑制投資與生產，導致失業率升高及經濟衰退**。

通貨緊縮的定義仍然存在爭議，但經濟學者普遍認為，當消費者物價指數（CPI）連跌三個月，即表示出現通貨緊縮。這使得產能過剩或需求不足，導致物價、工資、利率、糧食、能源等各類價格持續下跌。諾貝爾經濟學獎得主保羅・薩繆森表示：「**價格和成本正在普遍下降，即是通貨緊縮**。」

明朝滅亡的罪魁禍首——銀根緊縮

一三六八年，朱元璋在南京建立大明王朝。兩百多年後的一六四四年，盛極一時的朱世王朝覆滅。根基穩固的王朝在短時間裡滅亡，其中必然有不少原因。例如，統治者的腐敗、天災導致民不聊生而引發農民起義，奸臣、宦官專政等。

但是，我們不能忽略其中一個重要因素，就是經濟危機。甚至可以說，經濟危機正是大明王朝走向衰亡的罪魁禍首。

明朝中後期，由於統治者實行開放政策，很多沿海城市成為商品的集聚地。各種時機都已經成熟，資本主義開始萌芽，在江南等富庶地區都有家庭代工式的店鋪。此時，對外貿易擴大使得國內生產日益專業化、市場化。這雖然是好事，但其中也隱藏著危機，像是糧食生產區域化、市場化，可能加劇糧食危機。也就是說，如果這個地區不種植糧食，就有缺乏糧食的風險。

缺乏紙幣和炫富，間接造成國家滅亡

當時，統治者沒有發行紙幣，而是使用白銀、黃金、銅作為流通貨幣，但是中國並不盛產貴金屬，所以一直以銅幣作為流通貨幣，白銀與黃金則是依賴進口。由於那時中國的出口業非常發達，大量瓷器與茶葉透過貿易銷往歐洲，歐洲則為此支付無數的白銀。大量的白銀流入國內，使得白銀的產量供大於求，白銀價格也隨之變低。

到了明朝後期，當時賴以生存的白銀在產地的美洲出現產量降低的狀況，於是中國的白銀進口量隨之減少。

然而，當時社會對於白銀的需求非常大，特別是達官貴人沉迷於用白銀購買東北三寶「人參、鹿茸、貂皮」炫富，使得**大量白銀流往東北，政府的財政收入卻非常少**。

由於明朝沒有發行紙幣，無法緩解白銀不足帶來的危險，國家財政也出現短缺，因此後來發生內亂時，政府沒有足夠的錢打仗，緊接著爆發農民起義，又遇上滿族夾擊，很快便在戰爭中潰敗。不久，持續兩百多年的大明王朝便滅亡了。

明朝滅亡在現代社會具有重要啟示，因為造成這件事的真正原因，就是當時銀根緊縮。

銀根指的是**市場上貨幣周轉流通的情況**，而銀根緊縮則是一種經濟政策。由於市場需要的貨幣量少，實際流通於市場的貨幣量過大，因此國家銀行必須減少流通中的貨幣數量。

提及銀根緊縮造成的重大影響，一是影響宏觀經濟，間接影響股市；二是影響股市的資金供應；三是影響人們的預期心理，最終影響銀行類等上市公司的經營。

出現銀根緊縮時，相關部門應該有以下幾點對策：一是提高存款準備金比率；二是提高央行基準利率；三是調高重貼現率（註：重貼現率為一般銀行資金不足，向央行借款時須付給央行的利息）；四是賣出國債或外匯。

知識連結

任何一種可作為交換價值標準的媒介，或是能延期支付標準的流動商品，都可被看作貨幣。能夠從商品中分離出來，並固定充當一般等價物的商品，也是貨幣。商品交換發展到一定階段之後，便會衍生出貨幣產物，而貨幣的本質就是一般等價物。

前文提到的存款準備金，是指金融機構為保證客戶提取存款和資金清算需要，在央行準備的存款。央行要求的存款準備金占其存款總額的比例，就是存款準備金比率。

公開市場業務，是指央行透過買進或賣出有價證券，調節貨幣供應量的活動。與一般金融機構所從事的證券買賣不同，**央行買賣證券的目的不是為了盈利，而是為了調節貨幣供應量**。

根據經濟形勢的發展，當央行認為需要收縮銀根時，便賣出證券，相應收回一部分基礎貨幣，減少金融機構可用資金的數量。相反地，當央行認為需要放鬆銀根時，便買進證券，擴大基礎貨幣供應，直接增加金融機構可用資金的數量。

越來越窮的衣索比亞——兩極分化

在第六十屆聯合國首腦峰會期間，世界銀行公佈一份長達一百九十頁的報告，公佈十個世界上最貧窮和最富有的國家。在世界上最貧窮的十個國家中，**衣索比亞**位居首位。

根據調查顯示，衣索比亞的人均財富（註：總財富除以人口，即每人平均財富）僅有一千九百六十五美元；世界最富有的國家是瑞士，人均財富達到六十四萬八千兩百四十一美元，兩國相差將近三百三十倍。

在這項報告中，我們還可看出一個令人十分震驚的現象：世界上最窮的十個國家，除了尼泊爾之外，幾乎全部都位於非洲，而世界上最富有的國家，則幾乎全在歐洲。

在國際上，根據國家地理位置和各國經濟的發展情況，**習慣把多在南半球的開發中國家稱為南方，把多在北半球的已開發國家稱為北方**。自第二次世界大戰形成新的世界格局以來，開發中國家與已開發國家的差距越來越大，人們對「南北差距」問題的關注度也與日俱增。

南北合作的剪刀差，使開發中國家更窮

兩極分化指的是在資本主義社會中，生產商品時呈現的二個極端趨勢。其中一端是脫離勞動行為的資本家，另一端則是大量出賣勞動力的受雇者。在現代國際社會中，隨著南北差距不斷加大，已開發國家不斷利用壟斷，控制開發中國家的對外貿易，如同一把張開的剪刀，壓低開發中國家的初級產品價格，同時不斷提高工業製成品的市場價格。

已開發國家利用這種交易手段贏得高額利潤，而且在不斷打壓價格和**剪刀差**（Price Scissors）的作用下，已開發國家越來越富有，開發中國家則是越來越落

後，「兩極分化」也由此形成。

在國際貿易中，開發中國家大多是輸出原料、勞務和初級產品，並進口製成品，而已開發國家則憑藉經濟中的統治地位，輸出製成品，並進口原料、勞務及初級產品。

在這個過程中，原料、勞務和初級產品的價格低於價值，工業製成品的價格卻高於價值，兩者的差距稱為「剪刀差」。國際價格的剪刀差使開發中國家在國際貿易中蒙受巨大經濟損失。粗略統計，一九五〇到六〇年代，開發中國家每年在剪刀差的擴大中遭受的損失，高達兩千多億美元。

南北關係有機會改善嗎？

為了扭轉這種不平等交易，一九六〇年代中期以來，開發中國家要求在國際經濟體系中取得平等地位的呼聲越來越高，南北關係的經濟合作，逐漸成為南北對話的重要內容。

一九七四年，聯合國召開特別會議，第一次正式將南北關係問題提升至國際議事日程，並通過《建立國際經濟新秩序宣言》和《建立新的國際經濟秩序行動綱領》。對話的範圍涵蓋原料、貿易、發展、技術轉讓、國際貨幣金融等領域。一九八一年十月二十二日，在墨西哥坎昆舉行的首腦會議上，重新肯定聯合國主持全球談判的可能性和迫切性，**但由於在一系列重大問題上，南北雙方觀點相距甚遠，目前南北對話仍處於停滯不前的狀態**。

開發中國家為了追求平等的國際經濟地位，還有許多實際的問題必須面對，但在開發中國家的攜手努力下，未來的世界經濟發展也終將能打破兩極分化的不良局面。

知識連結

南南合作（South–South cooperation）是開發中國家間的經濟技術合

作，名詞源自於大部分開發中國家的地理分佈。

南南合作是促進國際多邊合作發展的重要方法，也是開發中國家自力更生、謀求進步的重要管道，更是確保開發中國家有效融入和參與世界經濟的有效手段。

為何山西人比廣州人還富有？——恩格爾係數

恩格爾係數是衡量國家居民生活水準的指標。基於某次的調查統計，廣州市城鎮居民的恩格爾係數為三七・三一％，山西城鎮居民的恩格爾係數為三三・五％，寧夏城鎮居民的恩格爾係數為三六％。

根據聯合國糧食農業組織（Food and Agriculture Organization of the United Nations，簡稱FAO）提出的標準，恩格爾係數在三〇％到四〇％為富裕。這就代表，廣州、山西、寧夏等地的城鎮居民，已經進入富裕階段。

但是，這樣的調查結果讓人不禁產生「似是而非」的感覺。

一八五七年，世界著名的德國統計學家恩斯特・恩格爾（Ernst Engel）闡明一項定律：**隨著家庭和個人收入的增加，收入中用於食品方面的支出比例將逐漸減**

小；這一定律被稱為恩格爾定律，反映這一定律的係數被稱為恩格爾係數（Engel's Coefficient）。

前文提到山西人比廣州人富有，很明顯地與事實相悖。專家對此指出，恩格爾係數只是衡量一個地區生活水準的指標之一。

花多少錢買食物，看出你的生活水準

根據聯合國糧食及農業組織的標準，恩格爾係數在五九％以上為貧困，五〇％到五九％為溫飽，四〇％到五〇％為小康，三〇％到四〇％為富裕，低於三〇％為極富裕。

但衡量一個地區的生活水準有很多指標，恩格爾係數只是其中之一。如果僅用恩格爾係數作為衡量標準，難免出現與事實不符的情況。

前述例子之所以出現這種情況，是因為恩格爾係數所採用的數值，是用食品支出占消費總支出的比例，說明經濟發展、收入增加對生活消費的影響程度。眾所周知，吃是人類生存的第一需求，在收入水準較低時，購買食物在消費支出中必然佔有重要地位。**隨著收入增加，滿足了食物等基本需求之後，消費的重心便會開始向其他次要的需求轉移**。因此，國家或家庭生活越貧困，恩格爾係數就越大；相反地，生活越富裕，恩格爾係數就越小。這是一個帶有規律性的標準。

影響恩格爾係數的隱性因素

當然，現實中還要考慮到一些隱性的因素，這些因素在調查時不被計算在內，卻是影響恩格爾係數的因素之一。說到吃穿用度，兩廣地區（註：廣東和廣西的合稱）素有美食天下之稱，廣州的餐飲文化發達。由此可見，食品支出在廣州人的消費支出佔有很重要的地位。

相反地，在北方地區，特別是西北地方的城鎮居民，對吃的追求遠不及廣東地區，反倒因為寒冷的天氣讓人更注重穿著。如果將這個區域特色作為恩格爾係數來看，兩廣地區就可能不如西北地方。

專家還強調，**恩格爾係數反映的是一種長期的趨勢，說明人們瞭解消費結構的變化，即便出現逐年下降的情況，還是需要剔除很多因素**。提到消費結構，目前用服務性消費支出占總支出的比例，或許比恩格爾係數更有說服力。

知識連結

購買力平價（Purchasing Power Parity，簡稱PPP）是根據各國不同物價水準，計算出貨幣之間的等值係數，以合理比較各國的GDP。但是，這種理論匯率與實際匯率可能有很大的差距。

重點整理

- GDP指的是國內生產毛額，能夠反映國家的國力與財富程度。
- CPI指的是消費者物價指數。當CPI大於三%即為通貨膨脹。當CPI的增幅大於五%時，稱為嚴重的通貨膨脹。
- 吉尼係數反映收入分配的公平程度，也是衡量差距的指標。吉尼係數越小，收入分配越平均；吉尼係數越大，收入分配越不平均。
- 購買力的大小取決於社會生產的發展，和國民收入的分配。
- 物價上漲率在二・五%內的溫和通膨，不會引起太大的社會混亂，反而能幫助刺激經濟發展。
- 銀根緊縮的對策包括提高存款準備金比率、提高央行基準利率、調高重貼現率和賣出國債或外匯。

■南南合作是開發中國家自力更生、謀求進步的重要管道，能夠確保開發中國家有效融入和參與世界經濟。

■恩格爾係數能反映國家居民的生活水準。恩格爾係數在五九％以上為貧困，五〇％到五九％為溫飽，四〇％到五〇％為小康，三〇％到四〇％為富裕，低於三〇％為極富裕。

第 2 章

如果在超市遇到凱因斯，你會問什麼？

大成功靠團隊，小成功靠個人。

——比爾・蓋茲（Bill Gates）

吝嗇鬼最大方的時候，會買什麼？——商品

西門慶是古典文學名著《金瓶梅》的主角，這個人可說無惡不作，除了行為卑鄙、生活放蕩之外，還是個十足的吝嗇鬼。但是，這個吝嗇鬼並非任何時候都吝嗇，他也有非常大方的時候，尤其是攀上當時的奸臣太師蔡京之後，不惜一擲千金，只為了請蔡京做靠山。

從西門慶先後兩次給蔡京送壽禮，可以看出他是個精明的人。

第一次是在第二十七回，由來保、吳典恩押送禮物，送的是「四座一尺高的四陽捧壽銀人，兩把金壽字壺，兩副玉桃杯，兩套杭州織造的蟒衣，還有南京綢緞、羊羔美酒」。蔡京看到禮物的觀感是：「但見黃烘烘金壺玉盞，白晃晃減靸仙人；良工製造費工夫，巧匠鑽鑿人罕見。錦繡蟒衣，五彩奪目；南京綢緞，金碧交輝；

湯羊美酒，盡貼封皮；異果時新，高堆盤盒。」

蔡京十分歡喜，當場就寫了三份官誥：一份任命西門慶為「金吾衛衣左所副千戶、山東等處提刑所理刑」，一份任命押送禮物的吳典恩做清河縣驛丞，一份任命來保為山東鄆王府校尉。這是赤裸裸的「權錢交易」，一手交錢一手交貨，當場兌現，並無拖欠。

第二次是在第五十五回，由西門慶親自押送二十扛禮物，禮單寫得分明：大紅蟒袍一套，官綠龍袍一套；漢錦二十匹，蜀錦二十匹，火浣布二十匹，西洋布二十匹，其餘花素尺頭共四十匹；獅蠻玉帶一圍，金鑲奇南香帶一圍；玉杯、犀杯各十對，赤金攢花爵杯八只；明珠十顆。又另附黃金二百兩。

這張禮單可能有誇張的成分，然而小說家這樣寫的目的是想強調：西門慶不同於舊式商人，並不是靠一味儉省而發跡。在明代商品經濟崛起的潮流中，只有敢於做政治投資的商人，才能擁有大好前程。此番賀壽令蔡京非常高興，在過生日那天，特意只留西門慶一個人吃酒，這是很高的榮譽，也印證了西門慶在蔡京眼中的地位。

這個故事讓我們瞭解什麼叫作「商品」。

從物品到商品，需要具備哪些條件？

商品是為交換而生產（或用於交換），並對他人或社會有用的勞動產品。商品的基本屬性是本身的價值和使用價值。前者是商品的本質屬性，後者是商品的自然屬性。狹義的商品僅指符合定義的有形產品，廣義的商品除了可以是有形產品外，還可以是無形服務，例如：保險商品、金融商品等。

一般來說，一件物品要成為商品，必須滿足以下三點：

①**必須是勞動產品**。如果不是經由勞動而產生的物品，就不能成為商品。

②**必須用於交換**。如果某件物品並非用於交換，即使是勞動產品，也不能稱為商品。

③**必須對他人或社會有用**。物品如果沒有有用，就不會發生交換，有用的東西

才能產生交換行為。

西門慶非常精明，他知道這些壽禮不只是為了答覆人情，更是商品。在當時的情況下，他這麼做是為了確信自己能得到價值更高的利益，也就是說，這幾次賀壽都只是交易。

知識連結

商品的價值是商品背後隱含的勞動，以及商品特有的本質屬性。商品的使用價值，是商品滿足人們所需物品的可用性，不同商品具有不同使用價值，不同使用價值取決於物品本身的自然屬性。同一種商品可能具有多種自然屬性，並具有多方面的使用價值。商品的交換價值指的是，當產品用於交換時，能換取到其他產品的價值。

有形產品（Tangible Products）又稱為實際產品或形式產品，是產品呈現在市場上的具體形態，以及滿足消費者某種需求的特定形式，也是**核心產品**（Core Product）得以實現的形式。有形產品通常會反應在品質水準，以及產品的特色、款式、包裝和品牌上。產品的基本用途必須透過某些具體形式，才得以實現。

「君子國」裡也有討價還價——經濟人

在中國古典文學作品《鏡花緣》中，作者想像出一個以禮儀著稱的「君子國」。原文如下：「耕者讓田畔，行者讓路。士庶人等，無論富貴貧賤，舉止言談，莫不慕而有禮。」

在君子國，人人大公無私，在市場交易中恪守「賣主力爭付上等貨，賣低價，買主力爭拿次等貨，付高價」的準則。下面的場景具體呈現該國討價還價的情形。

買家：我給你的錢已經很少，你卻認為給多了，這是違心的說法。

賣家：我的貨既不新鮮又很平常，整體而言不如別人的好，我跟你要貨價的一半已經很過分了，怎麼能收你全價呢？

買家：我能夠識別好壞，這樣的貨只收半價，有失公平。

賣家：如果你真的想買，就付價格的一半，如此就公平了，如果你說價格太低，那就去另外一家買，看看還有沒有比我這裡更貴的貨吧。

由於雙方僵持不下，加上旁人的勸說，買家只好拿上等貨物與下等貨物各一半，悻悻離開。

在作者李汝珍的筆下，沒有欺詐，沒有私欲，世外桃源般和諧的君子國展現最淳樸的鄉情，最善良的人性。誠然，我們每個人都十分嚮往這樣的君子世界。在這個過程中，作者用描繪理想的筆，對人性展開了探索。

古代聖賢孟子說：「人之初，性本善」，而荀子則另立一說，主張「人性本惡」；李宗吾（註：《厚黑學》作者）更甚，將世間人的一切言行都歸結在「厚」且「黑」中。千餘年來，人們從未停止過爭論關於人性本源的問題。但不管對人性的論證是善是惡，君子國的美麗傳說也終如海市蜃樓，短暫停留後便消失得無影無蹤。涉及市場與經濟的經濟學世界中，人性，也就是「經濟人」（Economic Man）

的假設為注重個人利益的「理性經濟人」。

所有行為的目的，都是為了個人最大利益最大化

理性經濟人又稱作「**經濟人假設**」，經濟學正是在理性經濟人的假設下，研究資源既定時的利益最大化問題。對個人來說，就是收入和效用最大化。對企業來說，就是利潤和企業資產價值最大化。對國家而言，則是GDP和社會福利的最大化。換句話說，**經濟學認為所有人都是理性經濟人，一切行為的目標只為個人利益最大化**。

理性經濟人假定人的思考和行為都是理性且具有目標，唯一試圖獲得的經濟好處就是物質性補償（註：實質利益）的最大化。由此可見，小說中的君子國是不可能在現實生活中出現的。

亞當・史密斯（Adam Smith，註：也譯作亞當・斯密）在《國富論》中有段針對理性經濟人的闡述：「我們每天所需要的食物和飲料，不是出自屠戶、釀酒家和

麵包師的恩惠，而是出於他們自利的打算。我們不說喚起『利他心』的話，而說喚起他們『利己心』的話；我們不說我們自己需要，而說對他們有好處。」這段論述清晰地表明：**人和人之間是一種交換關係，我們之所以能獲得食物，是因為每個人都想獲得自己最大的利益**。

趨利避害，乃是人的本能

在經濟活動中，當一個人面對多種不同的選擇機會時，總是傾向能帶給自己更大經濟利益的機會，也就是會追求最大的利益。但是，這裡的自利也並不完全等於自私。在生活中，仍存在許多追求自利但不自私的現象。比如宗教中虔誠祈禱的信徒，大多人的心中充滿行善的願望，當看見他人得到幸福時，他們自己也會覺得很幸福。

學齡前的孩子會先將自己最喜歡的玩具藏起來，再把剩下的玩具拿給別人挑選。從這點來看，也可以找到經濟人理性思維的影子。就像小孩知道獨佔自己最喜歡的玩具一樣，**每個人在經濟活動中，都知道自己的利益所在，也會用最好的辦法實現利益**。

儘管人們的理性有限，因為人不是全知全能，行為中往往會受到各種因素影響，諸如現有資訊量等複雜多變的外部條件，但是每個人還是會盡力做出對自己最有利的決策，趨利避害。所以，人人都希望買到物美價廉的商品，絕不會像君子國中的買主一樣，選擇質次價高的商品。

人類追求自利，但不會為此不擇手段

在經濟學中，**所有人都被假設為理性經濟人**，這種假設已經成為經濟學的根基。沒有這種假設，人們也就無從認識經濟規律，更不可能制定出切實可行的經濟政策。但事物的發展總是有兩面性。

從另一個角度來看，理性經濟人只是一種人性假設，在現實生活中，沒有人處處都以經濟人的視角觀察世界。理性經濟人的假設，只是承認人性無法更改，並對人類趨利的本性提供認識和引導。實際上，在現實的經濟活動中，我們不可能為了實現自身利益最大化而不擇手段，因為必須遵循市場經濟的機制，以及法律制度的約束，故不讚揚利己性。

知識連結

道德人（Moral Man）指的是人性不同於經濟人的另外三個方面：同情心，正義感，行為的利他主義傾向。源自於亞當・史密斯在《道德情感論》的關點，這些是人類道德的體現，後來發展成「道德人」假設。

社會人（Social Man）與「**自然人**」（Natural Man）是相對概念，指的是社會學中具有自然和社會雙重屬性的人。透過社會化，能使自然人在適應社會環境、參與社會生活、學習社會規範、履行社會角色的過程中，逐漸認識自我，並獲得社會認可，最終取得社會成員的資格。

「社會人假設」是喬治・梅奧（George Elton Mayo）等人，依據**霍桑效應**（Hawthorne Effect，註：指當被觀察者知道自己成為被觀察對象後，改變行為傾向的反應）實驗的結果所提出。這個假設認為，人們最重視該如何在工作時與周圍的人友好相處，物質利益反而是相對次要的因素。梅奧說過：「**人是獨特的社會動物，只有把自己完全投入到集體中，才能實現徹底的『自由』。**」

為什麼劣幣會驅逐良幣？——檸檬市場

縱觀貨幣的發展歷史，金屬貨幣佔據市場的時間十分久遠。伴隨人類文明的逐步演進，人類使用的貨幣也隨著時代發展中日益精確。

為了讓貨幣使用起來更方便，人們以金屬製成便於攜帶、交易和計算的「錢」，使得人為鑄造的貨幣具備一個「面值」。面值的出現，使鑄幣內在的某種金屬含量產生與面值不同的可能。舉例來說，一克黃金鑄幣的實際含量可能不是一克，人們可以加入一些其他低價值的金屬混合鑄造，但它仍然作為一克黃金流入市場交易中。

當貨幣具備相同面值，實際價值卻不同，久而久之便會出現失衡的現象。十六世紀，英國就有過一次劣幣驅逐良幣的歷史。

十六世紀，英國商業貿易已經相當發達，在瑪麗女王（註：蘇格蘭女王，後被英格蘭女王伊莉莎白囚禁並處死）統治的時代，便出現貨幣面值相同、實際價值不同的情況。在這種情況下，人們大都會將足值的貨幣貯藏起來，加以熔化做為私用或流通到國外。導致英國必須用價值不足的「劣幣」償付貿易和流通額，因此蒙受巨大經濟損失。

於是，伊莉莎白女王接受湯馬斯・格雷欣（Thomas Gresham）的建議，恢復英國鑄幣的足夠成色（註：含有的貴金屬比例），以免足值鑄幣在貿易中被不足值鑄幣「驅逐」到國外。

英國這場沸騰的劣幣驅逐良幣現象，被經濟學家稱為「**劣幣驅逐良幣效應**」（Bad money drives out good）。產生這一現象的根源，則在於當事人的資訊不對稱。也就是貿易雙方對真偽貨幣的瞭解情況不一致，導致劣幣持有者輕易地將手中的劣幣花出去，而良幣的持有者則在不知情的情況下承受損失。

市場對賣家有利，使得劣等品增加

劣幣驅逐良幣的現象在市場上普遍存在。與良幣相比，劣幣自然成為次品，也就是**檸檬**（Lemon，註：美國俚語中原指購買後才被發現品質有問題的車子）。諾貝爾經濟學獎獲得者喬治・阿克洛夫（George Akerlof）發表一篇名為《檸檬市場：品質不確定性和市場機制》（*The Market for Lemons: Quality Uncertainty and the Market Mechanism*）的論文，在這篇論文中，檸檬市場指的就是次級品市場。

檸檬市場的資訊不對稱，賣方比買方更加瞭解產品的品質資訊。在極端情況下，市場會止步萎縮和不復存在，這就是資訊經濟學中的逆向選擇。當賣家相較於買家，持有更多關於產品品質的資訊，檸檬市場就會出現，低品質產品會不斷驅逐高品質產品。此時，好商品往往遭受淘汰，而劣等品則會逐漸佔領市場，導致市場中充滿劣等品。

按照常規理解，降低商品的價格後，商品的需求量應該增加；若提高商品價格，商品的供給量則增加。但是，由於資訊的不完全性，有時即使降低商品價格，消費者也不會增加購買收量。相對地，即使提高價格，生產者也不會增加供給。二手筆記型電腦市場模型可以解釋這種現象。

無所不在的檸檬市場，會破壞公平競爭

假設有個二手筆記型電腦市場，買電腦的人和賣電腦的人，對筆記型電腦的品質掌握度不對稱，買家只能透過筆記型電腦的外觀、介紹，或是簡單的性能測試，瞭解筆記型電腦的品質資訊，但光從這些訊息，很難準確判斷筆記型電腦的品質好壞。因此，對於買家來說，在購買之前，並不知道哪部電腦的品質比較好，也只知道市場上筆記型電腦的平均品質。

當然，買家知道市場裡，好的筆記型電腦至少要價兩萬六千元，不好的筆記型電腦最少也要八千元。這時，買家在不知道筆記型電腦品質的前提下，只願意根據平均品質出價，也就是一萬七千元。但是，那些持有高品質筆記型電腦的賣家就不願意了，他們將會撤出二手市場，導致市場上只留下劣等品的賣家。如此一來，這

個二手市場上的好電腦將會越來越少，市場最終將陷入瓦解。

在買賣雙方資訊不對稱的情況下，傳統市場競爭中得出的「優勝劣汰」結論，便會被瓦解，劣幣驅逐良幣的現象也就隨之發生。其實，只要仔細觀察，可以發現**檸檬市場無所不在**。

舉例來說，很多學生為了獎學金不惜作弊，只為實現自己的願望。當這樣想的人多了，作弊的人數將隨之增加，導致整個班級或年級取得高分的人偏多，使得學校只好提高發放獎學金的標準。結果，少部分努力學習，一直維持優秀成績，也沒有作弊的學生失去優勢，沒有努力的學生反而輕易躋身獎學金候選人。**認識檸檬現象，很多時候可以幫助我們免受其害**。

知識連結

逆向選擇（Adverse Selection）是指，由於交易雙方資訊不對稱且市場價格下降，產生劣質品驅逐優質品的現象，進而出現市場交易產品的平均品質下降。

道德風險（Moral Hazard）是一九六〇年代，由西方經濟學家提出的經濟哲學範疇概念，是指「從事經濟活動的人，除了會最大限度地增進自身效用，同時也會做出不利於他人的行動」。這可說是為了獲取最高利益，做出損害他人利益的自私行為。

把梳子賣給和尚——供需法則

在銷售界有這樣一個經典的案例——把梳子賣給和尚。

某企業在培訓業務員的過程中，給業務員出了一道難題——到寺廟推銷梳子七天。所有在場的人聽到這個任務都很懷疑。怎麼可能有和尚會買梳子呢？和尚沒有頭髮，根本就用不到梳子。面對這樣的任務，許多人都打退堂鼓，放棄這次培訓，只有小李、小王、小張三人接受這次挑戰。

七天的期限很快就到了，三人回到公司彙報自己的銷售成果。出人意料的是，三人都將梳子賣出去了。但小李只賣出十把，小王賣出一百把，而小張居然賣出一千把。同樣的條件，為什麼結果會有這麼大的區別呢？

小李跑了三座寺廟，受到無數和尚的謾罵和追打，但仍然不屈不撓地向和尚推銷。在第五天的時候，他突然開竅，跟和尚這麼說：「應該要經常梳頭，不僅能止癢，還可以活絡血脈，有益健康。」結果居然真的有十個和尚買了他的梳子。

小王去了一座名山古寺，由於山高風大，前來進香的善男信女都被吹亂頭髮。小王找到住持，並對他說：「蓬頭垢面會對佛不敬，應在每座香案前放把梳子，供善男信女梳頭。」住持認為有道理。由於那間寺廟共有十個香案，於是住持便決定各放十把，共買下一百把梳子。

小張去了一座頗負盛名、香火極旺的深山寶剎，向寶剎的方丈說：「凡來進香者，都有一顆虔誠之心，寶剎應有回贈，保佑其平安吉祥，鼓勵多行善事。我有一批梳子，您的書法超群，可寫上『積善梳』三字，然後作為贈品送給信徒。」方丈聽罷大喜，立刻買下一千把梳子。

經濟學的基礎是「生產者想買，消費者想買」

「好胳膊好腿，不如一張好嘴」，**世界上沒有賣不出去的東西，只有不會賣東**

西的人。

保羅・薩繆森曾經說過，經濟學其實並沒有我們想像中那麼難，只需要掌握兩件事即可：一項是**供給**（Supply），另一項是**需求**（Demand）。

供給是指生產者在一定時期內，在各種可能的價格下，願意而且能提供商品數量並加以售出。供給也指**有效供給**（Effective Supply），必須滿足兩個條件：生產者有出售的意願，以及供應的能力。

需求是指消費者在一定時期內，願意在一定的價格條件下，購買自己所需的商品。需求不是自然和主觀的願望，而是有效的需要。它包括兩個條件：消費者的**購買欲望**及**購買能力**。

除了意願和能力，價格也是條件之一

在把梳子賣給和尚的案例中，我們可以看出，消費者的購買欲望，會受到外在因素影響。也就是說，如果小李、小王都能學習小張的說法，或許賣出去的梳子就不只十把或一百把。此外，販賣的數量也會受購買能力影響，因為小李去的只是小廟，購買能力不強，小張去的則是一座深山寶剎。

無論是需要或供給，除了自身的意願及能力外，價值也是影響的條件。商品的價格越高，需求量就會越低，而供給量越多，價格自然也會越低。

知識連結

需求法則（Law of Demand）是微觀經濟學中一個重要的法則，**即在一般情況下，需求與價格成反比，價格越高，需求量越小；價格下降，需求量上升。**

由於需求量隨價格上升而減少，隨價格下降而增加，因此可說需求量與價格成反比。價格與需求量之間的關係，可以套用在市場中絕大部分的物品，而且這種關係非常普遍，被經濟學家稱為需求法則。

在其他條件相同的情況下，當一種物品價格上升，該物品需求量便會跟著減少。但在少數情況下會出現相反的情形，即價格越高需求量越大，價格越低需求量反而越小。這種情形通常出現在具有象徵地位的奢侈物品上，如鑽石、古董等，它們常常會因為價格提高，需求量反而增加。

需求曲線（Demand Curve）表示商品價格與需求數量之間的函數關係曲線。它表明在其他情況不變時，消費者根據價格，在一定時期內願意且能購買的特定產品之數量。

供給的**價格彈性**（Price Elasticity）在概念上與需求的價格彈性相似，不過它衡量的是供給對價格變動的反應。更精確地說，供給的價格彈性是供給量變化的百分比，除以價格變動的百分比。而且，供給彈性在完全競爭條件下最為準確。

科學家楊振寧選擇「理論物理」的秘密——比較優勢

一九五四年，諾貝爾獎得主楊振寧提出規範場論（Gauge Theory），後來發展成統合與瞭解基本粒子強、弱、電磁等三種相互作用力的基礎。由於楊振寧為理論物理做出了巨大貢獻，一直深得國際學者欽佩。

但是，即使楊振寧於理論物理研究上成績卓著，在芝加哥大學做實驗物理研究時，工作卻並不順利。校園中甚至流傳一個笑話：「哪裡有爆炸，哪裡就有楊振寧」。缺乏操作能力幾乎成為他的死穴。

楊振寧曾經是個神童、人們眼中的天才，但他在面對研究工作上的瓶頸時，也深入分析自己在物理研究上的優勢與弱項。最後，他豁然開朗。楊振寧意識到，雖然自己在嚴格要求操作能力的實驗物理方面較為不利，但在理論物理研究方面，憑藉自己從小受父親薰陶、培養打下的數學基礎，如果能逐步研究構成物理學理論架構的方程式，一定能找到突破口，取得好成績。經過比較之後，他覺得自己在理論物理研究上的優勢更為明顯。

後來，確立自身優勢的楊振寧，在導師的建議下，轉攻理論物理學，並在一九五七年因研究成果顯著，獲得諾貝爾物理學獎。

從田忌賽馬，看比較優勢理論

我們都聽說過「田忌賽馬」的故事。田忌手裡的馬，無論上、中、下哪個層次，品質都劣於齊王的馬。

但是田忌選擇這樣的排列方式：用毫無勝算的下馬對付齊王勝券在握的上馬，再用上、中馬對付齊王的中、下馬，最終取得勝利。很顯然地，在這場比賽中，田忌佔有比較優勢。

對楊振寧來說，從事理論物理研究更具有比較優勢，因此他經過理性分析，選擇能夠充分發揮自己比較優勢的理論物理研究，最終獲得成功。

比較優勢理論（Theory of Comparative Advantage）是大衛・李嘉圖（David Ricardo）在《政治經濟學及賦稅原理》（*On the Principles of Political Economy and Taxation*）中所提出。該理論認為，國際貿易的基礎是生產技術的**相對差別**（非絕對差別），以及由此產生的相對成本差別。

「**兩利相權取其重，兩弊相權取其輕。**」每個國家都應根據這個原則，集中生產並出口具有「比較優勢」的產品，進口具有「比較劣勢」的產品。

國家在比較優勢上是如此，每個單位和個人亦是如此。這裡有一個小故事可以讓我們輕鬆理解。

比爾・蓋茲喜歡打掃花園，但更擅長寫程式

據說比爾・蓋茲（Bill Gates）非常喜歡打掃自己的花園，但最終他還是把這件事交給一個高中生處理。

比爾・蓋茲的說法是，假設每天他能編寫一百條程式或打掃花園一百平方公尺，高中生每天能編寫一條程式或打掃花園五十平方公尺，雖然他在打掃花園上佔有絕對優勢（生產技術上的絕對差別），但他的比較優勢（生產技術上的相對差別）還是在編寫程式，所以才用幾美元請高中生幫忙打掃花園。

讓專業的來，生產才能更有效率

如果每個人都能專門從事自己最擅長的事，生產就會變得更有效率，當社會可創造的物質財富總量與整體經濟福利增加，也從側面體現了「天生我材必有用」的道理。

舉例來說，在一個企業中，假如甲在管理方面佔有絕對優勢，照理應該坐在辦公室裡負責管理性工作。但是，從比較優勢來講，如果甲的操作能力無人可比，則必須由他人負責管理，甲負責操作事務。所以在企業中，甲的比較優勢是操作能力，而另個人的比較優勢是管理能力，分工合作是建立在比較優勢的基礎上，而不是絕對優勢。

知識連結

絕對優勢理論（Theory of Absolute Advantage），又稱為絕對成本說、地域分工說，由英國古典經濟學派代表之一的亞當・史密斯提出。

當兩個國家生產兩種商品，且都使用勞動作為生產要素，如果剛好A國在某種商品上勞動生產率高，而B國在這種商品上勞動生產率低，則A國在該商品生產上具有絕對優勢。

若兩國按照各自的絕對優勢進行專業生產分工，並參與貿易，那麼兩國都能從貿易中得到利益。這種貿易利益來自專業化分工促進勞動生產率提高。

絕對成本（Absolute Cost），是指某兩個國家之間生產某種產品時，勞動成本的絕對差異，也就是一個國家所耗費的勞動成本，絕對低於另個國家。

為什麼她要「東食西宿」？——機會成本

「東食西宿」的成語很多人都不陌生。

春秋戰國時，齊國有一戶人家的女兒長得十分漂亮，前來求婚的人絡繹不絕，但女孩始終不滿意。隨著時間過去，眼看女兒就要錯過婚嫁的最佳年齡，父母十分著急。這一天，又有兩家男子同時前來求婚。誰知躲在簾後觀察的女孩，竟在父母與來客短暫的寒暄之後，同時對兩家男子產生好感。

聽過女兒的意願後，父母一時之間陷入兩難。該如何選擇呢？東家的男子長得醜，但十分富有；西家的男子是個英俊青年，但家境清寒；這樣看來，無論選擇哪個都有損失啊！

最後，父母決定讓女兒自己定奪。他們告訴女兒，比較喜歡哪個，就以袒露一隻手臂的方式，讓他們知道她的意思。

女孩想了一會，同時袒露出兩隻手臂。兩老感到很奇怪，問其原因，女兒說：「我想在東家吃飯，在西家住宿。」

世上沒有東食西宿這樣的好事，但人類的欲望永遠都無窮無盡，任何事情都不可能兩全其美。因此，想要得到好東西或追求完美，都必須付出努力，做出選擇。

所有的選擇，都與機會成本有關

有得必有失。就像故事中的齊國女子一樣，在自身資源有限的情況下，人必須學會捨棄。但做選擇並不是一件容易的事。「魚和熊掌不可兼得」，選擇吃魚自然就不能品嘗熊掌，選擇熊掌就吃不到魚，這個時候，熊掌就構成選擇吃魚的機會成本。任何選擇行為都要付出機會成本，經濟學家說「天下沒有白吃的午餐」，就是這個道理。

機會成本（Opportunity Cost，簡稱ＯＣ），是指**做出某個選擇後，喪失其他選**

擇可能獲得的最大利益。也就是說，為了得到某種東西，必須放棄另一種東西。在故事中，齊國女子之所以不能做出決策，就在於無論選擇哪位男子，都勢必造成機會成本的損失。

當一個廠商決定生產一輛汽車，該廠商就無法用生產汽車的經濟資源生產二十輛自行車，因此生產一輛汽車的機會成本是二十輛自行車。如果用貨幣數量替代對實物商品數量的表述，假定二十輛自行車的價值為十萬元，那麼一輛汽車的機會成本便是價值十萬元的其他商品。

又例如，晚上有朋友請你吃大餐，為此你得推掉一個能賺一百元的打工，那麼一百元就是你吃大餐的機會成本。

人生最難的是選擇性的放棄

人們日常生活中無時無刻不在進行著選擇：吃麵還是吃飯？買短款的衣服還是買長款的衣服？繼續工作還是先去吃飯？回家過年還是出去旅遊……當去聽音樂和

去看電影對自己同樣有吸引力，且難以決定時，有人會乾脆抽籤，也有人選擇拋硬幣來決定。

俗話說，**人生最難的不是爭取，而是選擇性的放棄**。面對重大決策時，因為我們不願輕易放棄任何可能得到的東西，所以機會成本越高，我們的選擇就越困難。

知識連結

會計成本（Accounting Cost）是指會計記錄在公司帳冊上客觀和有形的支出，包括生產、銷售過程中產生的原料、動力、工資、租金、廣告、利息、土地和房屋的租金、折舊等支出。值得注意的是，會計成本是**顯性成本**（Explicit Cost），不但可以用貨幣計量，也可以反映在會計帳目上。

隱藏成本（Implicit Cost）是一種隱藏於企業總成本中，游離於財務審計監督之外的成本，由企業或員工的行為而有意或無意所造成，形成具有一定隱蔽性的將來成本（預期將來會發生的成本）和轉移成本（終止現有客戶關係，轉而與其它客戶建立關係的成本），如管理層決策失誤帶來的巨額成本增加、領導的權威失靈造成的上下不一致、資訊和指令失真、效率低下等。相對於顯性成本來說，這些成本不但隱蔽性大，難以避免，也不易量化。

連小偷也懂經濟學，你呢？——成本效益

這是與兩個小偷有關的故事。

小偷甲是偷自行車的慣犯。每天傍晚他都會利用散步的機會，仔細觀察附近自行車車庫的情況，然後準備好基本工具，為夜間盜車做準備。就這樣，他在許多晚上都憑藉一雙手和一把扳手，輕而易舉地將一輛輛嶄新的自行車竊為己有，並將手中的贓車及時賣掉，隨著時間久了，他也小攢了一筆錢。由於技巧嫻熟，他從沒失手過。

與小偷甲不同的是，同為慣犯的小偷乙專門偷銀行和大商場。每次作案前，小偷乙都會準備好充足的槍支、彈藥，而每次出手前，他都會做最壞的打算，和妻子兒女道別，因為偷銀行和商場要承擔很大的風險，稍有疏忽就難逃法律制裁。每得

手一次，小偷乙和全家都會過上一段足不出戶的日子。

然而天網恢恢，小偷甲和小偷乙最終還是被警方逮捕。

成本和效益，決定了一件事物是否划算

凡事都有相對，若將偷自行車和偷銀行放在一起比較，偷自行車是件小事。雖然這種行為被視為公害，卻算不上什麼新聞，相對地，由於偷銀行相當罕見，是媒體播報的重大新聞。在這裡，兩個小偷偷東西的故事，可以幫助我們理解經濟學中的**成本效益**（Cost Benefit Analysis，簡稱CBA）。

包括小偷在內，任何人做事都會想一想是否划算。這裡的是否划算在經濟學上就是比較一下收益和成本，也就是對成本效益進行分析。

成本效益分析就是歸納投資中可能發生的**成本**（Cost）與**效益**（Effectiveness），利用數量分析方法計算成本和效益的比值，從而判斷該投資項目是否可行。成本效益是一個矛盾的統一體，二者互為條件、相伴共存，又互相矛盾、此增彼減。

為什麼一般人會選擇偷自行車

在前面的故事中，偷銀行的收益遠比偷自行車的收益還要高，但小偷乙的成本同樣比小偷甲高很多。在戒備森嚴的銀行中作案，一旦失手，受到的處罰也更重。即使順利得手，一家銀行被偷了，各執法部門一定會合力追查案件，因此被逮捕的可能性很高。

同理，偷自行車的小偷甲雖然收益比小偷乙來得低，但成本也更低。自行車的防盜效能差，小偷甲需要的作案工具很少，在工具上投入的成本幾乎為零。因此，甲有很多作案的機會，失手率也低。即使遭到逮捕，處罰也會比偷銀行來得輕。在這樣的情況下，分析和對比成本之後，一般人都會像小偷甲一樣，選擇成本較低的自行車，而不會輕易選擇像小偷乙一樣去偷銀行。

事物的發展規律，決定任何事物都存在著成本效益。就成本而言，一般可分為直接的**有形成本**（Tangible Cost）以及間接的**無形成本**（Intangible Costs）；就效益而言，則包含直接的**有形效益**（Tangible Benefit）和間接的**無形效益**（Intangible

Benefit）兩類。

知識連結

成本是指企業為了生產產品、提供勞務，而發生的各種耗費，簡單來說就是指取得資產或勞務的支出。成本由**產品成本**（Product Cost）和**期間成本**（Period Cost）所構成，而它們都是生產經營下的耗費，必須從營業收入中減除，但減除時間不同。

產品成本是指可計入存貨價值的成本。期間成本是指不計入產品成本的生產經營成本，直接從當期收入中減除，包括減除產品成本以外的一切生產經營成本。

重點整理

- 商品的定義為：必須為勞動產品、必須用於交換，以及必須對他人或社會有用。
- 人和人之間是一種交換關係，因為每個人都想獲得自己最大的利益。
- 檸檬市場指的是資訊不對稱的市場，即賣方比買方擁有更多資訊。
- 需求與價格成反比，價格越高，需求量越小；價格下降，需求量上升。
- 當每個人都能夠專門從事自己最擅長的事，生產就會變得更有效率。
- 機會成本是指，做出選擇後可能喪失或獲得的最大利益，即「魚與熊掌不可兼得」。
- 事物的發展規律，決定任何事物都存在著成本效益。

NOTE

第 3 章

除了街頭革命外，該如何讓窮人翻身？

財富不可能憑空增加，一方的財富增加必導致另一方的財富減少。

——艾倫・葛林斯潘（Alan Greenspan）

從「富」走向「負」的加州
——財政赤字

在美國聯邦政府的破產法律中，有一個特別的章節，名為政府重組破產保護。自一九三七年美國實施政府重組破產保護程序以來，先後有六百個地區的政府透過這個程式倖免於難。二〇〇八年十二月一日，加州政府宣佈正式進入財政緊急狀態。根據統計，該州在十八個月內，財政赤字增加到兩百八十億美元（**註：約八千六百三十七億台幣**）。

根據各州「自負盈虧」的法律規定，美國經濟第一大州的加州面臨破產時，在沒有國家扶植與說明的情況下，最終選擇申請政府破產保護。結果，加州瞬間出現許多血本無歸的政府債券投資者，人民在裁員與加稅的旋渦中掙扎，局面混亂不已。於是，加州從「富」的巔峰，跌向了「負」的低谷。

柯林頓如何創造史上少有的財政盈餘

財政赤字（Fiscal Deficit），指的是**財政支出大於財政收入形成的差額，由於會計核算中用紅字處理，所以也稱為財政赤字，反映一國政府的收支狀況**。財政赤字是財政收支未能實現平衡的表現，更是一種全球性的財政現象。相對地，當政府財政收入多於支出時，則稱為**財政盈餘**（Fiscal Surplus）。對政府而言，**只要有收入和支出就存在赤字或盈餘**。

面對日趨複雜的世界經濟局勢，許多現代國家的政府都習慣寅吃卯糧。但是，在美國總統柯林頓（William Clinton）掌管白宮的八年裡，美國出現歷史上少有的財政盈餘。

就業是提高人民收入的重要因素之一，深諳此道的柯林頓自執政開始，便努力為人民創造就業機會。因此，在這段時間，美國的失業率降低，就業形勢十分樂觀。為了增加政府的財政收入，善於把握市場時機的柯林頓決定，在美國人均收入停滯多年、剛出現上升趨勢的關鍵時刻增稅。如此一來，美國聯邦政府的收入便出現大規模的盈餘。

長期的財政盈餘可以提高人民的生活水準，長期的財政赤字則會增加人民的經濟負擔。但是，許多開發中的國家，都需要大量財富解決大批問題，所以絕大多數國家政府都出現財政赤字。由此可見，財政赤字似乎是不可避免的問題。然而，在一定範圍內，財政赤字也可以刺激經濟增長。

政府欠下的債，最後還是由納稅人還

針對財政赤字，國際上有兩條警戒線標準。第一條是財政赤字所占比重不能超過GNP（註：國民生產總值）的三％，否則將會出現**財政風險**（Fiscal Risk）。舉例來說，一個國家在某年的GNP是三兆元，那麼該國的財政赤字一旦超過九千億元，就會超出警戒線。第二條是政府的財政赤字不能超出財政總支出的十五％。也就是說，無論一個國家的運籌資金多緊張，借債都不能超過十五％。

世界上很多國家都藉由發行國債，解決財政赤字問題，這樣做的目的是**透過發**

行國債，促進國家經濟增長，然後用國債投資賺回的資金還清國債。然而，羊毛出在羊身上，政府要還的債務，最後還是必須回到納稅人身上。如果納稅人上繳的稅收不夠，下一代納稅人也得接著還。實際上，政府發行的國債，就是**把將來的錢挪到今天用**。

知識連結

彌補財政赤字的方式有以下四種：

① **動用歷年結餘**，也就是將前年度財政收大於支出形成的結餘，用來彌補財政赤字。

② **增加稅收**，增加稅收包括開增新稅、擴大課稅基礎和提高稅率。但它具有相當的局限性，並不是彌補財政赤字穩定可靠的方法。

③ **增發貨幣**，增發貨幣是彌補財政赤字的方法，至今許多開發中國家仍採用這種方法，但增發貨幣會引發通貨膨脹。

④ **發行公債**，透過發行公債促進經濟成長，以彌補財政赤字，這是世界各國通行的做法。因為從債務人的角度來看，公債具有自願性、有償性和靈活性的特點。從債權人的角度來看，公債具有安全性、收益性和流動性的特點。

為什麼抽煙的人不減反增？——稅率

漢武帝統治時期曾頒佈一道「算令」，即徵收商人和手工業者的財產稅及車船稅。後來，針對許多人隱匿和虛報的現象，漢武帝再度發佈「告令」，對頻繁逃避「算」的商賈進行打擊。

如火如荼的告令運動最終使稅收的性質發生變化，原先以現金和車船為主的課稅範圍，擴大到包括田宅、奴婢、畜產在內的一切財產。這樣一來，課稅的計算，就是將全部財產按照一定的價格折合成現錢，充當課稅基礎（Tax Basis）。此外，最初「只為商賈居貨者設」的課稅，後來竟擴大到「凡民有蓄積者，皆為有司所隱度矣，不但商賈末作也」。

伴隨課稅範圍和物件不斷擴大，許多經商的中產之家都走向沒落。近十年來，這場沸沸揚揚的「告令運動」雖然增加政府的收入，對大商人具有一定程度的壓制作用，但同時也阻礙私營工商業的發展。

起初，漢武帝透過算令，開始對商人和工匠徵收財產稅及車船稅。但由於徵稅性質在具體執行中發生了變化，範圍過廣的課稅基礎，過高的稅率，直接損害百姓的利益，也降低百姓的生活水準，最終影響了整個國家的經濟發展。

從香菸稅率的變化，看出政府的如意算盤

稅率（Tax Rates）是稅額與課稅物件之間的數量或比例關係，即是課稅的尺度。中國現行稅率可分三種：比例稅率、定額稅率和累進稅率。通常，稅率是收取稅收時的重要依據。比如，美國有一項不成文的規定：用公款請客吃飯，要按照餐費的五〇％繳納稅金，這裡五〇％就是稅率。

此外，政府可以透過稅率的變化，瞭解人們的消費行為和習慣，進行有效的調節。我們可以透過香菸的稅率調整，瞭解稅率的調節作用。

根據財政部二〇一七年統計，若加計菸稅、菸捐（Health and Welfare Surcharge on Tobacco Products，註：源自「菸酒稅法」）、關稅及營業稅，在調漲菸價後，一包紙菸所負擔的稅捐已由三八．三元大增為五九．二五元。

我們常見到每盒香菸上都印有「吸菸有害健康」的警告標語，也有越來越多的醫學研究表明，吸菸對人體的危害已不亞於流行疾病。但在生活中，吸菸的人並未減少。根據統計，中國每年因吸菸致病造成的直接損失，高達一千四百億元到一千六百億元，間接損失達八百億元到一千兩百億元。

事實證明，在世界各國的控菸行動中，提高香菸的稅率是有效的方式之一。**提高菸產品的稅率不但能增加政府的財政收入，還能挽救上百萬人的生命**。隨著菸產品稅率的提高，菸價也會隨之提升。如此一來，年輕人及低收入者吸菸的機率便會減少，可謂一舉兩得。

但是，這個一舉兩得的效用，在現實中只能歸為理想。因為即使菸類產品稅率提高，對於老菸槍來說，仍需要大量的菸類產品，單純的價格上漲並不能在本質上起到抑制作用，亦不能有效抑制吸菸者的數量。由此可見，要**降低吸菸者數量，不**

能單純仰賴提高稅率。

雷根的減稅政策，使美國經濟好轉

提高稅率可以在提高財政收入的同時，抑制相關產品的銷售，進而降低整體稅率，對國家的經濟發展有著十分明顯的作用。一九七三年，美國經濟在石油危機之後進入蕭條期。雷根（Ronald Reagan）總統為了振興經濟，推出減稅政策，透過減輕企業的稅率，刺激投資和經濟發展。這不僅使美國經濟逐漸恢復，也增強美國人的信心。

一九八九年雷根卸任，在他執政的八年期間，美國經濟從最初的蕭條進入繁榮。雷根卸任前，美國的最高稅率已經降到二八%，失業率降到六%。

稅率和稅收是重要的經濟支柱，合理運用才能促進經濟發展，提高人民生活水準。「天下興亡，匹夫有責。」稅率與國家經濟發展，以及我們的利益息息相關，因此不光是制定者，每個人都該關心稅率。

知識連結

租稅優惠（Tax Preference）是指國家在稅收方面，給予納稅人和徵稅物件各種優待，也是政府透過稅收制度，按照預定目的，減除或減輕納稅人稅收負擔的一種形式。

課稅基礎具有兩種含義，第一種是指課稅的經濟基礎，像轉手稅的課稅基礎是轉手次數，**所得稅**（Income Tax）的課稅基礎是所得額，房產稅的課稅基礎是房產等。第二種是指計算交納稅額的依據或標準，即計稅依據或計稅標準，例如營業稅中的營業額等。

財富分割的利器——所得稅

在中國歷史上，王莽和他所建立的「王莽政權」為後人熟知。西元八年，登上皇帝寶座的王莽把國號改為「新」。

西元九年，王莽在國家初建時期，制定一系列經濟改革政策，並以工商業者的課徵主體，向他們徵收純經營利潤額，稅種的名稱為「貢」。

《漢書・食貨志下》中記載：「諸取眾物，鳥、獸、魚、鱉、百蟲於山林水澤及畜牧者，嬪婦桑蠶、織、紝、紡績、補縫，工匠、醫、巫、卜、祝及它方技、商販、賈人坐肆、列裡區、謁舍，皆多自占所為於其所在之縣官，除其本，計其得，十一分之，而以其一為貢，敢不自占，自占不以實者，盡其沒入所採取，而作縣官一歲。」

這段文字的大意為：凡從事採集、狩獵、捕撈、畜牧、養蠶、紡織、縫紉、織補、卜卦算命之人及其他藝人，還有商賈經營者，都要從其經營收入中扣除成本、算出純利，並按純利額的十分之一納稅，採取自由申報，官吏核實的方式，如有不報或不實者，沒收全部收入，並拘捕違犯之人，罰服勞役苦工一年。

王莽在建國之初，為了迅速恢復經濟，要求各行各業者上交「貢」，從稅收制度的構成要素來看，已具備所得稅的特徵。具體分析可看出，「貢」的納稅人為從事多種經營活動並取得純收入的人。另外，稅率為一〇％。納稅人自行申報、官吏核實，以及處罰違法者，都是現代課稅的縮影。

照理來說，這種政府強制執行的「貢」，對促進國家建設有一定的作用。為了民生安穩，人民應該積極回應。但是，在西元二十二年，面對人民群眾的群起反抗，王莽被迫下旨免稅。

原來，「貢」的範圍太廣，徵收方法太過繁雜，既不利於操作，也不利於管理，導致了許多官民衝突，以致人民群起反抗。不久，西元二十四年，王莽政權便以覆滅告終。但其首創「無所得稅之名，有所得稅之實」的「貢」，實質就是今天所說的「所得稅」。

除了工資，還有哪些也算是所得

所得稅又稱所得課稅，是指國家對法人、自然人和其他經濟組織，在一定時期內的各種所得徵收的稅收。一般可劃分為個人所得稅和企業所得稅兩大類。

想要瞭解所得稅，需要先釐清所得的定義。從經濟學角度來看，**所得是指人們在兩個時間點之間，以貨幣表示的經濟能力淨增加值。**因此，現實生活中，包括工資、利潤、租金、利息等要素所得，以及贈與、遺產、財產增值等財產所得，都屬於所得的範圍。

為了達到一定的調節目的，進行社會財富的再分配，國家徵收所得稅，可影響各方面的利益分配格局，客觀上也可影響納稅人的行為。**針對社會分配不公，或貧富差距相差太大的時候，徵收所得稅就能起到平衡作用。**

與生活息息相關的所得稅，稅率如何變化

個人所得稅（Individual Income Tax，也稱個人綜合所得稅，是國家以個人為單位徵收的綜合所得稅）是調節收入、減少貧富差距的有效途徑之一，也是現實生活中與我們關係最緊密的稅種。

一般來說，個人所得稅在名義上依照**邊際稅率**（Marginal Tax Rate）累進徵收。具體來說，就是稅率隨個人收入的增加而遞增，低收入者使用低邊際稅率，高收入者使用高邊際稅率。

與此同時，個人所得稅還實行標準扣除和單項扣除，扣除額度隨個人收入的增加而遞減，低收入者扣除額提高，高收入者則相反。如此一來，透過累進稅率和標準扣除，使低收入者需要繳交的稅金減少，高收入者增加，就能達到累進徵收，縮小個人稅後的收入差距。

知識連結

我國綜合所得稅主要內容：營利、執行業務、薪資、利息、租賃、權利金、自力耕作魚牧林礦、財產交易、競技競賽及機會中獎的獎金或給與、退職所得，以及其他所得。納稅義務人本人、配偶和申報受扶養的親屬，全年所取得以上各類的合計，皆為綜合所得的申報範圍。

威尼斯商人憑什麼最終獲救——利息與利率

莎士比亞（William Shakespeare）是世界上著名的大文豪。他筆下許多鮮明的人物都令人印象深刻。劇本《威尼斯商人》（*The Merchant of Venice*）中的主要角色，安東尼和夏洛克的形象便是如此。

威尼斯商人安東尼在手頭拮据的情況下，為了幫助好友巴薩尼奧迎娶貴族小姐鮑西婭，不惜以自己的名義向夏洛克借了三千枚金幣。

安東尼在平時是個樂於助人的商人，有人跟他借錢時，他都不收取利息，所以大家都喜歡跟他來往。他的行為在無形中影響放高利貸的夏洛克，使得夏洛克一直想找機會報復安東尼。當安東尼主動向夏洛克借錢時，夏洛克很爽快地答應，夏洛克表現得很慷慨，表示不收取利息，只要安東尼寫下借據，規定借期為三個月即可。不過，如果三個月後安東尼不能還款，就要從安東尼身上割下一磅肉。安東尼為了幫助朋友，又想到兩個月後自己的貨船即將抵達，當下便簽下借據。

不幸的是，安東尼的商船在海上遭遇風暴失蹤，使安東尼遭受巨大損失，也無法準時還清借款。於是夏洛克藉機告上法庭，按照合約，安東尼應該割掉身上的一磅肉作為賠償。

聰明而美麗的貴族小姐鮑西婭聽到這件事，為了解救心上人的朋友，喬裝成律師來到威尼斯。在法庭上，鮑西婭根據借約的內容向夏洛克表示，他可以割取一磅安東尼身上任何地方的肉，但如果留下一滴血，夏洛克就必須用性命及財產補贖，因為安東尼的借約上只寫了一磅肉，並沒答應給夏洛克一滴血。最後，法庭宣佈釋放安東尼，並以謀害威尼斯市民的罪名，沒收夏洛克的部分財產。

很多人對這部名作的中心思想抱持不一樣的看法，但從經濟學角度來分析，故事中涉及**利息**（Interest）的概念。

除了通貨膨脹，這些情形也會產生利息

利息是借款者為了取得貨幣資金的使用權，在從放款人手中獲得資金後所須支付的報酬。利息作為借入貨幣的代價或貸出貨幣的報酬，實際上就是借款者向放款人借貸資金的價格。這個價格（利息）水準的高低是透過**利率**（Interest Rate）來表示。

利率是指一定時期內，利息額與借貸額或儲蓄存款之間的比率。

接下來，我們具體瞭解一下產生利息的原因。

① **延遲消費**。當放款人借出金錢時，就等於延遲消費，而消費者大多偏好現實的商品，遠高於未來的商品。因此，自由市場會出現正利率。

② **預期的通膨**。通貨膨脹是經濟活動中十分常見的現象，通貨膨脹發生時，相同數量的金錢，可購買的商品會比過去少。因此，借款者須向放款人補償此段時間的損失。

③代替性投資。放款人可以選擇把金錢用於其他投資上。借出金錢等於放棄其他投資的可能回報，在一定程度上損失當前的機會成本。

④投資風險。借款者隨時有破產、潛逃或欠債不還的風險，在這種情況下，放款者便需要收取額外的金錢，以保證出現這些情況時，放款人仍可獲得補償。

從上述原因可以看出，利息與市場和經濟活動有直接的關聯，我們也可藉由利息推算出利率。

利率透過市場和價值規律機制，

圖2

計算單利的公式：

$I = P \times r \times n$，$S = P \times (1 + r \times n)$。

（I為利息額，P為本金，r為利息率，n為借貸時間，S為本金和利息之和。）

若一間企業向銀行貸款兩百萬元，為期五年，年利率為10%，到期時該企業應付利息：

$I = P \times r \times n$
$= 200 \times 10\% \times 5$
$= 100$（萬元）

本金和利息為：

$S = P \times (1 + r \times n)$
$= 200 \times (1 + 10\% \times 5)$
$= 300$（萬元）

在某時間點上由供需關係決定，因此能真實地反映資金成本和供需關係。但實際上，為了使利率符合市場變化，利率是直接由中央銀行實施管制。

利息分兩種，計算各不同

在現實生活中，無論從事何種職業，最後都會遇到與存款、借款有關的情況。因此，瞭解計算利息的方法很重要。

單利（Simple Interest）和**複利**（Compound Interest）是利息常見的兩種情況。單利的計算方法比複利簡單，借入者的利息負擔也比較輕，它是指在計算利息額時，單純只按本金計

圖 3

計算複利的公式：

I＝P×[（1+r）n-1]，S=P×（1+r）n

若前例中的條件不變，按複利計算，到期時該企業應付利息：

I ＝P×[（1+r）n-1]

＝200 ×[（1+10%）5-1]

＝122.102（萬元）

S ＝P ×（1+ r）n

＝200 ×（1+10%）5

＝322.102（萬元）

算利息，不將利息額加入本金重複計算。計算單利的方式如前頁圖2所示。

複利是指將本金計算出的利息額計入本金，重新計算利息的方法。這種方法比較複雜，借入者的利息負擔也比較重，但考慮資金的時間價值因素，並保護貸出者的利益，有利於資金的使用效率。計算複利的方式，如前頁圖3所示。

知識連結

貼息貸款是指用於微利專案的小額擔保貸款，由銀行全額負擔，借款本人在貸款期內，不須支付利息，期限最長不超過兩年。

為什麼雷根只拍四部電影？——拉弗曲線

著名的雷根總統在第二次世界大戰期間，曾在一間電影公司擔任演員。據說，這段經歷對他的影響很深遠，而經濟學者阿瑟・拉弗（Arthur Laffer）的理論，也因為雷根的這段電影生涯，得到更深的理解和肯定。

一九八〇年一月，雷根總統剛贏得大選，他和競選團隊的成員為了學習治理國家必備的經濟學知識，一同參加幾次經濟學課程。第一位為雷根總統上課的經濟學者就是拉弗。拉弗利用這個機會向雷根詳細介紹自己的研究，也就是有關稅收的拉弗曲線理論。

拉弗越談越興奮，當他說出「當稅率高於某個數值，人們就不願意工作」時，雷根更是激動得站起來。他告訴拉弗：「二戰時，我正在『大錢幣』公司當電影演員，當時戰時所得稅的最高稅率高達九〇％，我們只要拍四部電影就達到最高稅率範圍了。也就是說，如果我們再拍第五部電影，收益的九〇％必須交給國家，等於幾乎賺不到錢。所以，拍完第四部電影後，我們就選擇不工作，跑到國外去旅遊了。」

拉弗曲線理論在雷根的現身說法下，被廣泛傳開。

因為過去曾經投入電影工作的特殊經歷和感受，雷根更能理解和接受拉弗的經濟學理論。因此，雷根主政後，便大力推行減稅政策。在這個過程中，一開始並未被注意的拉弗曲線理論，也因為拉弗和雷根的共鳴，打進經濟學主流。

拉弗曲線證實，稅率並不是越高越好

拉弗曲線的主要含義是：當稅率為零時，稅收自然也為零；而當稅率上升時，稅收也隨之上升；當稅率增至某一點，稅收將達到最高額，這個點就是最佳稅率點。當稅率超過最佳稅率點之後，稅收反而會開始下降。因為當稅率增長至一定的限度時，企業的經營成本將提高，投資和收入減少，課稅基礎的減少，從而導致政府的稅收減少。

針對這一情況，拉弗在數軸中用一條曲線，描繪稅收與稅率之間關係。這條曲線就稱為拉弗曲線。這條曲線的目的是為了提醒政府，適時降低稅率能夠刺激生產，稅收總額反而會因為稅率的降低而增加。

關於拉弗曲線，通常人們都認為稅率越高，能徵收到的稅收就越多。例如，向一個收入一百元的人徵稅，一百元就是課稅基礎。如果稅率為五％，國家即可從中收取五元的稅收；如果稅率為一〇％，國家則可得到十元稅收，國庫將比原來多出五元。

雖然能幫助政府，卻有許多爭議

在一定範圍內提高稅率，的確可以增加稅收，但一旦提高稅率到某個限度後，人們工作的積極性就會下降。由於人們本身主動納稅的熱情不高，會使逃漏稅的動機增強，進一步導致課稅基礎下降，國家能獲得的稅收反而減少。

拉弗因為發明拉弗曲線理論，成為雷根的經濟顧問，專門負責審定政府推行的減稅政策。但在實際應用中，拉弗曲線一樣有許多爭議，最大的原因在於，它只會在高收入的納稅人身上出現預期效果，對低收入者來說，因為負擔的稅率不高，不會受到高稅率的傷害。因此，拉弗曲線只有運用層次分析法，才能在實際應用中獲得成功。

知識連結

供給學派（Supply-Side economics）是一九七〇年代在美國興起的經濟學流派。該學派強調經濟的供給方面，認為需求會自動適應供給的變化，因而得名。

拉弗是供給學派的主要代表人物之一，他這麼解釋供給經濟學：「提供一套基於個人和企業刺激的分析結構。人們隨著刺激而改變行動，會為了積極性刺激所吸引，並回避消極性刺激。在這個結構中，政府的任務是改變刺激，以影響社會行為。」

為什麼葛林斯潘會有如此威力？
——貨幣政策

「笨蛋！誰當總統都無所謂，只要讓葛林斯潘當聯準會主席就行了。」

一九九六年，在美國大選前夕，《財富》將這句口號放在雜誌封面。在美國金融界，這樣的評論比比皆是：「葛林斯潘一開口，全球投資人都要豎起耳朵。」「葛林斯潘打個噴嚏，全球投資人都感冒。」

葛林斯潘是誰？他為何有如此大的威力？

相信很多關注經濟的人，對艾倫・葛林斯潘（Alan Greenspan）都不陌生。他是聯準會（Federal Reserve System，簡稱 Fed）前任「掌門人」。一九八七年，美國前總統雷根任命葛林斯潘執掌聯準會，直到二〇〇五年，共為白宮工作了十八年，歷經雷根、布希、柯林頓、小布希四位總統，堪稱美國史上任期時間最長的聯準會主席。

聯準會是美國中央銀行體系「美國聯邦準備系統」的簡稱。從一九一三年至今，一直控制著美國的通貨與信貸，具有「最後借款人」的作用。

為了提供美國「一個更安全、更穩定、適應能力更強的貨幣金融體系」，聯準會運用**公開市場操作**（Open Market Operation，註：也稱為「公開市場業務」）、**貼現窗口融資**（Discount Window Lending，註：其借貸利率稱為「貼現率」）和**金融機構法定存款準備金率**（Required Reserve Rate，註：最低儲備金要求）三大手段調節經濟。

葛林斯潘身為美國中央銀行的掌門人，之所以能「打個噴嚏，全球投資人都感冒」，是因為他手裡握著重要法寶——**貨幣政策**（Monetary Policy）。

央行的貨幣政策，有這四大作用

央行是國家最高的貨幣金融管理機構，在各國金融體系中居於主導地位，職能是宏觀調控、保障金融安全與穩定，以及提供各項金融服務。央行作為「國家的銀行」，是國家貨幣政策的制定者和執行者，也是政府干預經濟的工具，同時為國家提供金融服務，例如：代理國庫，代理發行政府債券等，為政府籌集資金。

貨幣政策指的是央行為了實現既定的經濟目標，運用各種工具調節貨幣供給和利率，進而影響宏觀經濟的方針和措施，可以說是央行的法寶。貨幣政策透過央行調節貨幣供應量，影響利息率及經濟中的信貸供應程度，間接影響總需求，以達到總需求與總供給趨於理想均衡的一系列措施。通常，貨幣政策分為擴張性和緊縮性兩種類型。

擴張性的貨幣政策（Expansionary Monetary Policy）是透過提高貨幣供應增長速度，進而刺激總需求。這種政策讓利率降低取得信貸更為容易。因此，總需求與經濟生產能力相比很低時，使用擴張性的貨幣政策最合適。在二〇〇八年，美國爆發金融危機時，若其他國家採用的利息較低，適當寬鬆的貨幣政策將會使社會貸款總額持續上漲。

緊縮性的貨幣政策（Tight Monetary Policy）是透過削減貨幣供應的增長率，

來降低總需求水準。這種貨幣政策因為較難取得信貸，會使利息率也隨之提高。因此，出現較為嚴重的通貨膨脹時，最好採用緊縮性的貨幣政策。

貨幣政策有穩定物價、增加就業、促進國民經濟增長，以及平衡國際收支四大作用。調節的物件是貨幣供應量，即**全社會總購買力**，具體表現形式為流通中的現金和個人、企業單位在銀行的存款。

流通中的現金與消費物價水準變動密切相關，是最活躍的貨幣，也一直是央行關注和調節的重要目標。

知識連結

財政政策（Fiscal Policy）是指國家根據一定時期政治、經濟、社會發展的任務，而規定的財政工作指導原則，透過財政支出與稅收政策調節總需求。增加政府支出可以刺激總需求，進而增加國民收入，相反地則壓抑總需求、減少國民收入。稅收具有約束國民收入的作用，若增加政府稅收，可以抑制總需求，減少國民收入，而反向操作則會刺激總需求，增加國民收入。

是什麼養出「懶惰」的瑞士人？——社會保障

許多人很羨慕瑞士人民的生活方式。在這裡，上至政府官員，下至一般百姓，憑藉比較完善的社會制度，他們的生活都很安適，很少出現有人「為五斗米折腰」的情況。

由於政府和商家的合作，瑞士的旅遊業相當發達，吸引許多遊客前來觀光度假。但是，大多數城市的商店和餐飲娛樂場所，假日和節日都不會營業。許多餐廳甚至晚上六點半就早早打烊，不再接待客人。理由很簡單，每名員工都要趕回家享受生活。

在瑞士，休息的權利被放在所有權利中最重要的位置。「會休息的人才會工作」幾乎是所有瑞士人的座右銘。如果觀察瑞士公務員的每日工作，你會發現他們的上班時間非常寬鬆，用他們的話來形容就是：喝完兩杯咖啡，就到了該下班的時間。良好的福利條件、令人滿意的工資待遇，這一切都讓人羨慕不已。

有了充足的休息時間，如何安排每年的休假，便成了瑞士人的頭等大事。通常，許多人會在前一年就開始計畫休假日程。不管手裡的工作有多忙，該休息就休息，就算多給加班費也不幹，天大的事情也要等度完假回去再辦。休假期間他們從不穿西裝，也不帶手機，只希望得到純粹的休息。

瑞士人的生活對被工作壓力壓得喘不過氣的我們而言就像天方夜譚，但如果我們瞭解社會保障制度，就會明白瑞士人能過著這樣的生活是有據可循。

現代的社會保障制度，源自俾斯麥

社會保障（Social Security）是指**國家和社會透過立法，對國民收入進行分配和再分配，保障社會成員**（特別是生活有特殊困難的人們）**基本生活權利的社會安全制度**。社會保障的本質是維護社會公平，進而促進社會穩定發展。

社會保障的歷史十分深遠。希臘政府早在西元前五百六十年，就對傷殘的退伍軍人及其親屬發放撫恤金，提供失業者、殘疾人士衣物、食物和津貼保障；讓貧窮病人也可以享受醫療救助等福利。

在**英國圈地運動**（Enclosure，註：十五、十六世紀時地主限制農民使用公家私有地的行為）之後，有鑒於大量農民流入城市，威脅城市生活和治安，英國政府在一六〇一年，頒佈緩解貧困者生存危機的法令。

壟斷資本主義時期，普魯士首相俾斯麥（Otto von Bismarck）制定《疾病保險法》等法條，現代社會保障制度的雛型就此誕生。

一九三五年，羅斯福政府在美國頒佈《**社會保障法**》（*Social Insurance and Allied Services*），實行老年保險和事業保險。第二次世界大戰後，英國工黨全面實施《威廉・貝佛里奇報告書》（*Beveridge Report*）中提出的建設福利國家主張。

一九四八年，英國宣佈成立「福利國家」，許多歐美已開發國家也相繼效仿。久而久之，一個國家的福利程度如何，已成為衡量國家經濟發展水準的標準之一。

軍方的優撫安置，也屬於社會福利

從社會保障的發展歷程中不難看出，**社會保障是市場經濟發展的必然產物**。只要人類和社會體系存在，勞動者的社會保障問題就始終存在。**勞動者的社會保障是所有社會都面臨的問題**，尤其在當今市場經濟的高效率和高風險下，社會保障制度顯得尤為重要，也只有在市場經濟下，社會保障對經濟的發展，才能發揮完整的維繫作用。

一般來說，組成社會保障的社會保險、社會救濟、社會福利、優撫安置等內容中，處於核心的就是**社會保險**。

廣義的社會福利，就是國家為了改善和提高全體社會成員的物質和精神生活，所提供的福利津貼、福利設施和社會服務。

優撫安置是指國家予以優待、撫恤、安置從事特殊工作者（如軍人及其親屬）。優撫安置的對象主要有軍人、退伍軍人、殘疾軍人及其家屬，優撫安置的內容主要包括提供撫恤金、優待金、補助金，開辦軍人療養院、榮譽國民之家，以安置退伍軍人。

至今，社會保障仍然有許多缺點，但相信在不久的將來，我們就能在更加完善的社會保障體系中，過上像瑞士人一樣自由、安逸的生活。

知識連結

福利國家（Welfare State）是國家透過創辦並資助社會公共事業，實行社會福利政策和制度的國家形態。福利不是單指社會保險、公費醫療、家庭福利或社會救濟計畫，也並不等於社會保障或社會政策，而是它們的**總和**。

重點整理

■ 長期財政盈餘可以提高人民生活水準，長期財政赤字則會增加人民經濟負擔。

■ 政府可以透過稅率的變化，瞭解人們的消費行為和習慣，並合理運用稅率和稅收，進而促進經濟發展，提高人民生活水準。

■ 所得稅可分為一般所得稅和企業所得稅，徵收所得稅能平衡社會分配不公，減少貧富差距。

■ 利息是借款者為取得貨幣使用權，並獲得資金，必須支付給放款人的報酬。

■ 通常，稅率越高，稅收也越高，但在稅率超過最佳稅率點後，稅收反而會下降。這是因為提高稅率到某個限度後，人們工作的積極性也會跟著下降。

- 貨幣政策能夠穩定物價、增加就業、促進國民經濟增長，以及平衡國際收支。
- 社會保障是市場經濟發展的必然產物。

第 4 章

累積財富靠的是富爸爸，還是投資？

人一生能夠積累的財富，不是取決於你能夠賺多少錢，而是取決於你將如何投資理財。

——華倫・巴菲特（Warren Buffett）

只貸款一美元的秘密——理財

只貸款一美元？一美元！這裡面藏著怎樣的秘密？讓我們來一探究竟。

第二次世界大戰後，紐約一家銀行接待了一位婦人，她要求貸款一美元。經理根據貸款的細則想了一下，覺得符合貸款規定，便回答婦人可以貸款，但需要她提供擔保。

只見婦人小心地從皮包裡拿出一大疊票據，抬頭對經理說：「這些是擔保，一共是五十萬美元。」經理看著票據，再次向婦人確認：「您真的只貸一美元嗎？」

「是的，但我希望能允許我提前還款。」婦人說。「沒問題，這是一美元，年息按六％計算，為期一年，可以提前還貸。到時候，我們會將這些票據還給您。」經理一絲不苟地回答。

經理雖然感到一頭霧水，但由於婦人的貸款完全符合銀行的各項借貸條例，他只能按照規定為婦人辦理貸款手續。婦人從容地在貸款合約上簽字，接過一美元轉身要走。這時，經理忍不住發問：「請問，您擔保的票據值那麼多錢，為何只貸款一美元呢？即使你要貸四十萬美元也不是問題啊。」

婦人微微一笑，隨即坦誠地說：「我必須找個安全的地方存放這些票據。但租保險箱要花不少錢，放在這裡既安全又能隨時取出，一年也只要六美分，不是非常划算嗎？」聽完婦人這一番話，經理不禁佩服婦人的智慧。

經理為什麼會佩服這位婦人呢？這就牽涉到理財的問題。這位婦人堪稱理財高手。我們常常會看到許多人看似平凡，卻累積非凡的財富，他們的秘訣就是善於理財。用一句話來解釋就是「你不理財，財不理你」。

錢少更要理財，才能成為理財高手

理財並沒有特定的定義。一般我們說的理財，無非是犧牲眼前的消費，以增加未來的消費。因為人們都喜歡眼前的事情，總是喜歡獲得當前的利益。然而，理財必須有所付出的。付出成本，就是要犧牲眼前的消費，以累積將來的消費。

有人認為，理財是要等到有一定的積蓄後才能開始。其實，**理財並不是等到錢多才開始，錢少才更要理財**。我們每天不論是購物還是到銀行存款、購買保險，這些都能算是理財行為。理財是一門高深的學問，過度節省的人需要學會花錢，揮霍無度的人要學會省錢。只有**花有限的金錢，辦成無限的事情，才能稱為理財高手**。

理財高手一定要懂的四種理財類型

在日常生活中，一般說的理財通常包括證券投資、不動產投資、子女教育、保險四種類型。

①**證券投資**。一般人無法輕易學會這種投資法，需要具備比較深入的瞭解，才能如魚得水。否則，不要輕易碰它。

②**不動產投資**。對一般人來說，房子可算是不動產中最關鍵的項目。買房子划算，還是租房子划算？一次付清全款項，還是貸款划算？這些情況都需要我們仔細斟酌。

③**子女教育**。教育是為子女準備的，這部分的資金具有不確定性。只能多，不能少。因為需要規劃子女能夠接受什麼樣的教育，並評估在現有的支出約束下，怎樣才能讓子女接受更好的教育？

④**保險**。從經濟學角度來看，保險是轉移客觀存在的未來風險，把不確定的損失，轉化為保費這個確定成本。比如意外傷害保險，每個人都可能遇到意外，因為不知道什麼時候發生，也不知道發生的程度如何。一旦發生意外，就有可能非常嚴重，昂貴的醫療費或各種費用也會使家庭走向崩潰。對於個人而言，保險就是在平時付出一點保費，以期發生風險時能獲得足夠的補償，不致於遭受重大衝擊。

知識連結

金融是**貨幣流通和信用活動，以及與之相聯繫的經濟活動**總稱。內容可概括為貨幣的發行與回籠，存款的吸收與付出，貸款的發放與回收，金銀、外匯的買賣，有價證券的發行與轉讓，保險、信託，國內、國際的貨幣結算等。

炒股不賺不賠的邱吉爾——股票

一九二九年，解甲歸田的溫斯頓・邱吉爾（Winston Churchill）從財政大臣的位子走下後，帶著家人開始一場富有生趣的旅行，前往加拿大和美國。九月，邱吉爾接受美國戰時工業委員會主席、金融專家伯納德・巴魯克（Bernard Baruch）的盛情款待，到華爾街證券交易所參觀。沒想到，當時已五十五歲的邱吉爾，突然心血來潮地決定開戶進場，在他看來，炒股賺錢實在是一樁小事。

邱吉爾進場後沒多久，第一筆交易便被套牢了。邱吉爾覺得很丟臉，又瞄準另一支很有希望的英國股票，希望反敗為勝，為自己漲漲威風。但不湊巧的是，股價一路下跌，他很快又被套牢了。

如此反覆幾次，邱吉爾一筆又一筆的交易都陷入泥沼。下午收市的時候，面對帳戶的大幅虧損，狼狽不堪的邱吉爾不停地和巴魯克抱怨。

然而，就在他絕望之際，巴魯克卻遞給他一本帳簿，上面清楚地記錄著另一個邱吉爾的輝煌戰績。原來，巴魯克早就預料到，邱吉爾在政治上雖然是一路亨通的老手，在股市中未必有用武之地，初涉股市很可能會落得損兵折將、丟兵卸甲的窘境。於是，他提前為邱吉爾準備一根救命稻草，吩咐手下用邱吉爾的名字開設另外一個帳戶，邱吉爾買什麼，另一個邱吉爾就賣什麼，邱吉爾賣什麼，另一個邱吉爾就買什麼。

讀了邱吉爾的故事，首先來具體瞭解一下股票的基本概念。

股票也有自己的價格和市場行情

股票是股份公司（包括有限公司和無限公司）在籌集資金時，向出資人發行的股份憑證，代表著持有者（即股東）對股份公司的所有權。這種所有權為一種**綜合權利**，例如：參加股東大會、投票表決、參與公司的重大決策、收取股息或分享紅利等。每張同類別的股票，代表相等的公司所有權，每個股東所擁有的大小權份額，取決於持有的股票數量占公司總股本的比重。

股票一般可以透過買賣的方式有償轉讓，股東能透過股票轉讓收回其投資額，但不能要求公司返還其出資額。股東與公司之間的關係不是債權債務關係，股東是公司的所有者，根據出資額多寡，對公司負有限責任，達成承擔風險、分享收益。

股票作為交易市場上的交易對象，和商品一樣有自己的市場價格和行情。由於股票價格受到許多因素的影響，諸如公司經營狀況、供求關係、銀行利率、大眾心理等，其波動有很大的不確定性。而且，價格波動的不確定性越大，投資風險也越大。正是這種不確定性，容易使股票投資者遭受損失。

想靠股票賺錢，時機最重要

現代社會中，股票投資是一種很重要的投資手段。股市上十分流行一句諺語：「不要告訴我什麼價位買，只要告訴我買賣的時機，就能賺大錢。」對於股票投資者來說，選擇買入時機非常重要。具體來說，買入時機因投資時期長短、資金多少等因素而有不同，但也有規律可循。

舉例來說，當某公司傳來壞消息時，投資者基於心理作用拋售股票，導致股價大跌，這就是買進股票的最佳時機。或者，企業投入大量資金擴大規模時，企業利潤下降，同時有多項進行中的案子出現突發狀況，導致投資者對該股票興趣減弱，使得股價下跌，這時反而是購進這一股票的良好時機。

知識連結

中國的股票大致可分為A股、B股、H股、S股、N股等五種。

A股的正式名稱是**人民幣普通股票**。它是由中國境內的公司發行，供境內機構、組織或個人以**人民幣**認購和交易的普通股股票。

B股也稱為**人民幣特種股票**。是指在中國註冊並上市的特種股票。以人民幣標明面值，只能以**外幣**認購和交易。

H股也稱為**國企股**，是指**國有企業**在香港上市的股票。

S股是指主要生產或者經營的核心業務在中國，而企業的註冊地在新加坡或者其他國家和地區，但是在**新加坡交易所**上市掛牌的企業股票。

N股是指在中國註冊，在**紐約**上市的**外資股**。

註：台灣的股票分為上市股票、上櫃股票、與櫃股票（即將上市上櫃股票），以及未上市上櫃股票。

凱因斯的最大笨蛋理論——期貨的利與弊

如果提到靠鐘點費賺錢，凱因斯（John Keynes）可算楷模。一九〇八到一九一四年間，無論是經濟學原理、貨幣理論，還是證券投資，他都能流利地講解。因此，他獲得的評價是「一台按小時出售經濟學的機器」。凱因斯賺鐘點費的動機是為了日後能自由從事學術研究，免受缺乏金錢的困擾。然而，如果僅靠鐘點費，講到吐血也拿不到多少錢。

凱因斯發現這件事後，在一九一九年八月借了幾千英鎊，開始遠期外匯投機。短短四個月之內，他就淨賺一萬多英鎊，這筆錢在當時相當於他講課十年的收入。

然而，就如人們常掛在嘴邊的話：「市場有風險，入市需謹慎。」凱因斯在得到了第一筆資金後不久，也就是三個月後，便把賺到的利息和借來的本金全部賠光。但他不死心，在七個月之後又涉足棉花期貨交易，這次大獲成功。受此刺激，他分析完所有的期貨還嫌不過癮，接下來又投入股票市場。

在十幾年的時間裡，他不僅賺得盆滿缽滿，到一九三七年他因病「金盆洗手」的時候，已經存下一生享用不完的巨額財富。凱因斯是個與眾不同的經濟學家，他給後人留下一個富有解釋力的理論，那就是**最大笨蛋理論**（Greater Fool Theory），這也是他自己投資活動的總結。

只要出現下一個笨蛋，就穩贏不輸

凱因斯曾經說過，如果在一百張照片中，你認為最漂亮的那張照片恰好和多數人一樣，便能獲得獎勵，你會如何選擇呢？

正確的做法並不是真的選擇自己認為漂亮的照片，而是**猜測多數人的選擇，並跟著選擇那張照片**。也就是說，投機行為是建立在猜測大眾心理的基礎之上。期貨和證券的投資都具有這個意向。

舉例來說，你並不知道某支股票的真實價值，但是你卻花了一百元購買，因為你預測，會有人開更高的價格從你這裡買走它。美國普林斯頓經濟學教授波頓・麥基爾（Burton Malkiel）把凱因斯的這個看法，歸納為最大笨蛋理論。簡單來說，你之所以在完全不在乎真實價值（即使它一文不值）的情況下購買它，因為你預期**將有一個更大的笨蛋，會花更高的價格從你這裡買走它**。

投機行為的關鍵是判斷有無比自己更大的笨蛋，只要自己不是最大的笨蛋，就是贏多贏少的問題。如果找不到願意出更高價格的笨蛋，你就會成為最大的笨蛋。

從荷蘭的鬱金香狂潮，看最大笨蛋理論

歷史上出現過的許多投機狂潮，我們可以藉此進一步解釋最大笨蛋理論。一五九三年，一位維也納的植物學教授到荷蘭的萊登市任教，他帶來在土耳其栽培的鬱金香。在這之前，荷蘭並沒有鬱金香。荷蘭人第一次見到這種植物，非常喜愛鬱金香，希望向教授購買，但教授開出了很高的價位，令眾人人望而卻步。

一天深夜，一個竊賊破門而入，偷走教授所有的鬱金香球莖，並以低於教授當初開的售價，把球莖賣光。從此，鬱金香成為荷蘭人花園中常見的花卉。

後來，因為受到花葉病的侵襲，許多鬱金香的花瓣生出反襯的彩色條或特殊圖案，這些鬱金香又陰錯陽差，成了眾人爭相購買的珍品。於是，生病的鬱金香球莖售價也跟著水漲船高。有人開始囤積，又有人從囤積者手裡用高價買入，並再次以高價賣出。

反覆循環中，一些人開始一夜致富，四周人們因為受到這些致富神話所吸引，更加積極地投入其中；每個人都相信，會有一個更大的笨蛋，願意出更高的價格購買他手中的鬱金香。

一六三八年，最大的笨蛋出現了，持續五年之久的鬱金香狂熱，迎來最悲慘的一幕。很快地，鬱金香球莖的價格跌到和一顆洋蔥差不多。

提出地心引力理論的牛頓，也曾是最大的笨蛋

在某種程度上，**期貨**和**證券**也是一種投機或賭博行為。

相較於現貨，期貨是現在進行買賣，但在將來進行交收或交割的標的物，這個標的物可以是某種商品，例如黃金、原油、農產品，也可以是金融工具，還可以是金融指標。交收期貨的日子可以是一星期之後、一個月之後、三個月之後，甚至一年之後。

買賣期貨的合約或協議稱為**期貨合約**（Futures Contract）。買賣期貨的場所稱為**期貨市場**（Futures Market）。投資者可以投資或投機（註：純粹以牟取利潤為目的的買賣行為）期貨。不當的期貨投資，例如**無券放空**（Naked Short Sellin，註：在市場上賣出根本不存在的證券，待市價下跌再買回以獲得利潤的投資手法），可能導致金融市場動盪。

對於投資期貨來說，有人喜就有人憂。如果能夠抓住市場需求和時機，便能在交易中狠賺一筆，對市場不夠敏感的人，就只有賠錢的份了。

一七二〇年，一個英國人成立一間皮包公司，沒人知道具體的商品長什麼樣子，但當它發行期貨認購時，人們差點把公司的大門擠破。人們購買它的期貨，並非因為相信它是獲利管道，而是預期會有更大的笨蛋出現，用更高的價格從自己手中買走。有趣的是，牛頓也參加了認購，並且很不幸地成為最大的笨蛋。

雖然這些瘋狂的集體投資看起來像是古人的愚蠢行為，但其實現代人也不遑多讓。麥基爾曾經說，凱因斯一定會在經濟學家死後去的地方竊笑。

知識連結

投機行為（Speculation）是指一些人**既不是為了生產，也不是為了消費，只是為了從買賣差價中賺錢而買進賣出的行為**。除了在房地產、股票、期貨和外匯上的投機之外，也包括囤積商品，製造價差，並從中漁利的行為。

當資本主義變得越來越強勢，對政策的影響力也會日益增強。因此，越來越多的政策開始與尋常百姓的利益背道而馳。同時，資本主義對輿論和市場的影響也更加明顯，政策效應往往被誇大，甚至遭到扭曲。

也許人們直到最後才會發現：**市場的劇烈波動，其實是既得利益者的財富放大器**。另一個無法忽略的事實是：眾多普通百姓在市場波動中慘遭資本主義者洗劫，他們的財富註定在不知不覺中縮水，導致生活品質每況愈下。不參與投資與投機的人，原有財富也可能相對縮水，造成貧者越貧，富者越富的情況。

王重陽擴招的後果——多元化投資

相信大家對王重陽這個人物應該不陌生，他不只是歷史上真實存在過的人物，還出現在武俠小說的文本中。金庸被尊稱為武俠小說泰斗，王重陽經過他的加工與塑造，給很多人留下深刻的印象，王重陽的人物形象非常飽滿，蓋世武功和仙風道骨讓讀者記憶難忘。

儘管王重陽有諸多的優點，但是他卻在一件事上犯了致命的錯誤。這件事便是收徒弟，由於他盲目擴招，不考慮如何栽培這些徒弟，導致這些徒弟在技藝上不如人，最終導致失敗。

王重陽的徒弟很多，這些人分別是馬鈺、孫不二、譚處端、劉處玄、丘處機、郝大通、王處一，他們七個就是所謂的「全真七子」。

這些徒弟來自大江南北，各有各的長處，也各有各的短處。王重陽雖然招收這麼多的徒弟，看似功德圓滿，實際上他只是被一時的得失衝昏頭，沒考慮招收那麼多徒弟所帶來的後果，結果徒弟雖多，實際上卻無法接受完整的訓練，最後在華山論劍中，全部輸給了初出茅廬的傻小子郭靖。

王重陽看似把所有武功都傳授給徒弟，但是光是傳授，卻不看徒弟是否能消化，再加上每個人的天份不同，能活用自如的也很少。但是郭靖不同，他很有武學上的天份，所以才能以小搏大。看到這點，真是不得不為王重陽感到惋惜。

從經濟學的角度來看，武俠小說裡也隱藏著經濟學的奧秘。王重陽擴招的初衷是好的，但是目的卻是盲目的。他懂得「多元化投資」的道理，但是沒有善加運用，造成最後的潰敗。

多元化投資，是現代企業發展的趨勢

多元化投資（Multiple Investments）是指**投資者（企業）在不同領域、不同產**

業（行業）開展投資業務，或在同產業中投資生產不同產品，以擴大業務範圍，開展多元化經營。多元化經營投資是企業集團增加收益機會、分散經營風險的必經之路，也是現代企業經營發展的一種趨勢。

多元化投資有三種特點：一是**分開投資**，也就是同一投資品中概念不同的投資策略，也可以理解為多元化投資。比如說，一部分股票投資採用長線投資策略，一部分股票投資採用短線投資策略。二是**組合投資**。比如，投資人持有股票、期貨、基金的集合。三是**分頭出擊**，也就是結合分開投資和組合投資，分頭出擊，目的是避免被突發的風險一次擊倒。

所有辦法都是各有優劣，多元化投資也不例外。對於任何一家企業來說，雖然資源和資本有限，但市場機會卻是無限。**發展多元化投資，勢必會分散資源和資本**。

在企業集團裡，一個或多個投資效益差的項目容易成為老鼠屎，影響企業集團的整體運行，最後導致整個企業集團的經營陷入困境。這種情況在媒體多元化投資中屢見不鮮。

在前面的例子中，王重陽顯然掉進多元化投資的陷阱之中，他沒有事先調查，也沒有深入瞭解這些徒弟的天份與性格，只是盲目地擴招、盲目地教學，完全不管這些人是不是無法消化，空有蠻力卻沒有本事；他的投資充滿風險，但是他並沒有意識到。

知識連結

投資是指貨幣轉化為資本的過程。投資又可分為實物投資和證券投資，前者是以貨幣投入企業，透過生產經營活動取得一定利潤，後者是以貨幣購買企業發行的股票和公司債券，間接參與企業的利潤分配。

多元化投資的基本原則是，不投資缺乏新優勢或沒有新利潤增長的行業或產品，而是依循原有的基礎，逐步穩妥地拓展。**先圍繞原有產業及相關產業拓展，逐步傳遞到其他產業**，這樣一來，才能在每次投入新的行業時，形成新的優勢。

多元化可以分為**相關多元化**和**非相關多元化**，前者指企業所開展的各項業務之間有明顯的有形關聯，如共同的市場、行銷管道、生產、技術、採購、信用、人才等，相關業務之間的價值活動能夠共用。後者則更偏向無形關聯，主要是建立在共用管理、品牌、商譽等方面。

假如希特勒是你的爸爸——劣質資產

提起第二次世界大戰，相信大家都會提到希特勒。

希特勒上任德國總理後，便開始管理納粹黨，由於他極端的政策，以及仇視猶太人的性格，使得他發動第二次世界大戰，以及血腥屠殺大量猶太人，給全世界人民帶來巨大的災難。

請想像一下，如果希特勒是你的爸爸，他會留給你什麼樣的財產？希特勒在生前是全德國人民都非常愛戴、尊重的大人物，就連全世界的納粹主義者都尊他為神。但是，當這位曾經輝煌的人一死，可謂是樹倒猢猻散，高樓垮了，什麼都沒有了。

如果有個像是希特勒這樣的父親，等於擁有一份**劣質資產**（Non-performing

Assets）。

四個原因，造成扯後腿的劣質資產

資產品質（Assets Quality）指的是**資產的優劣程度**，也就是資產對未來收益的影響程度大小。如果一個企業的淨資產利潤率，大於（小於）行業或社會平均淨資產利潤率，可認為該企業的資產整體上是優（劣）質的。當企業單位資產帶來的收益率大於整體資產，該企業平均單位資產收益率的資產可稱為優質資產，**單位收益率小於企業平均收益率的資產稱為劣質資產**。

造成劣質資產有四個原因：一是**會計的計價方法**影響劣質資產形成。二是**投資決策失誤**造成大量的劣質資產。如果投資決策機制缺乏制度化，便容易出現投資失誤。三是**缺乏管理**。企業在存貨、應收賬款、長期投資和固定資產方面，都沒有建立有效的管理方法，造成這些資產失控。四是**國家產業政策的調整和法律、法規的限制**，導致形成劣質資產。

知識連結

資產管理業務（Wealth Mangement）是指證券公司作為資產管理人，根據資產管理合約約定的方式、條件、要求及限制，經營運作客戶的資產，為客戶提供證券及其他金融產品的投資管理服務。

定向資產管理，是指證券公司與單一客戶簽訂定資產管理合約，透過該客戶的帳戶提供資產管理服務的一種業務。其中具體的投資方向，應在資產管理合約中明定，且必須在單一客戶的專用證券帳戶中運作。

集合資產管理是集合客戶的資產，由專業的投資者（券商）進行管理。它是證券公司針對高端客戶開發的理財服務創新產品，投資於業績優良、成長性高、流動性強的股票等權益類證券，以及股票型證券投資基金等金融商品上。

專項資產管理業務是指特定目的的專項管理，由投資銀行進行管理。應當簽訂專項資產管理合約，針對客戶的特殊要求和資產的具體情況，設定特定投資目標，透過專門帳戶為客戶提供資產管理服務。

固定資產（Fixed Asset）是指企業使用期限超過一年的房屋、建築物、機器、機械、運輸工具等物品，以及其他與生產、經營有關的設備、器具、工具等。不屬於生產經營主要設備的物品，只要單位價值在兩千元以上，且使用年限超過兩年，也應作為固定資產。固定資產是企業的勞動手段，也是企業賴以生產經營的主要資產。

帥哥的責任——投資組合

這是一個有趣的笑話。

一名員警晚上到一家臭名昭彰的酒吧辦案，他把車停在酒吧門口，在門口準備逮捕那些酒醉駕車的小混混。

突然，他發現一名長得非常帥氣，看起來卻醉醺醺的男性走了出來，他看到那個帥哥慢吞吞地走到汽車旁，行動遲緩地正要發動汽車。員警的注意力完全被這名帥哥吸引，以至於沒有注意到一波又一波的人正從酒吧走出來。

過了很久，一直等到停車場的汽車都開走了，那名帥哥還是沒有發動汽車。員警非常生氣，他覺得這個人肯定有喝醉，便立刻跑到那輛汽車旁，把帥哥拉出來進行酒精測試，但是結果讓人大吃一驚。

這名帥哥的酒精含量為零。也就是說，他沒有喝醉。員警感到很困惑，詢問對方為什麼要這麼做。

帥哥說：「我今天的任務是吸引員警。」

雖然是個笑話，但這不是個簡單的笑話，這裡面蘊含一個道理，正因為那個帥哥懂得投資組合，才能讓他的同伴順利地擺脫員警。

投資組合，幫助你把「雞蛋」分出去

投資組合（Investment Portfolio）**是由投資人或金融機構所持有的股票、債券、衍生金融產品等組成的集合。投資組合的目的在於分散風險。**

投資者把資金按照比例，分別投資於不同種類的有價證券，或是同種類的有價證券等多個品項上，這種分散的投資方式就是投資組合。透過投資組合可以分散風險，也就是常聽到的「**不要將雞蛋放在同一個籃子裡**」，這是證券投資基金成立的意義之一。

基金投資組合有兩個層次：

第一層次是**股票、債券和現金等各類資產之間的組合**，即在不同的資產當中進行比例分配。

第二個層次是**債券與股票的組合**，即在同一個資產等級中，選擇哪幾個品項的債券和股票，以及各自的權重是多少。

為了保障廣大投資者的利益，基金投資必須遵守組合投資的原則，即使是單一市場基金，也不能只購買一、兩項證券。有些基金的條款就明文規定，投資組合不得少於二十種，而且買入每一種證券，都有一定的比例限制。投資基金積少成多，可以分散投資於數十種、甚至數百種有價證券，因此能大幅降低基金的風險。

選擇基金時該注意的六個重點

市場持續震盪、凸顯風險，在選擇基金理財投資時，基金組合應結合自身所處生命週期、承受風險能力與投資期限，再考慮要投資多少支各類型基金，進而均衡風險管理，增強投資的穩定性，使基金投資在各個階段都能獲得較好的收益，而不是簡單地將股票基金累計相加。

投資人選擇基金作為自己的投資組合時，需要注意六個重點：**要有自己的投資理念；明確目標持續性投資；投資一定要有核心組合；投資指數基金；不要組合同類型基金；投資的期望值不要過高。**

知識連結

基金投資是一種間接的證券投資方式。基金管理公司透過發行基金份額，集中投資者的資金，再由基金託管人（即具有資格的銀行）管理和運用資金，從事股票、債券等金融工具投資，然後共同承擔投資風險、分享收益。

分散投資也稱為組合投資，是指**同時投資不同的資產類型或不同的證券上**。相對於單一證券投資，分散投資有一個重要的好處，就是**在不降低收益的同時降低風險**。

風險管理（Risk Management）是指在肯定有風險的環境裡，把風險降至最低的管理過程。

價值型基金（Value Fund）是指追求穩定的經常性收入為目標基金，主要以大盤藍籌股（註：市場認同度高的大公司股票）、公司債券、政府債券等穩定收益證券為投資對象。

債券基金又稱為**債券型基金**（Bond Fund），是指專門投資於債券的基金，集中眾多投資者的資金，對債券進行組合投資，尋求較穩定的收益。根據中國證監會（China Securities Regulatory Commission，簡稱

CSRC）對基金類別的分類標準，將基金資產八〇%以上投資於債券，稱為債券基金（註：台灣沒有此標準）。也可以把債券基金的部分資金投資於股票市場。

另外，投資於**可轉債**（Convertible Bonds，註：上市、上櫃公司發行的債券）和**打新股**（Stagging，註：在新股上市後立即賣出的交易行為），也是債券基金獲得收益的重要管道。

借「洋」雞生「土」蛋——境外投資

速食行業近幾年來發展神速。從肯德基、麥當勞到中式速食的出現，都讓消費者的飲食生活變得更加豐富。相關部門曾經做過調查，在中國餐飲界，排名第一的是以肯德基等西式速食為主體的百勝中國控股有限公司，年營業額人民幣四十四億元（註：約一百九十三億台幣）；排名第二的是上海的新亞集團，以經營中式速食為主。

台灣速食業的主體原本是台灣小吃，但以肯德基、麥當勞和義大利披薩為主的西式速食，早已被越來越多的消費者所接受，長時間下來，這些西式速食已經成為組成速食業的重要部分。

因為外國的速食文化起步很早，更能符合快節奏的社會需要。也是自從國外速食業的加入，台灣速食行業才迅速發展。還有一點，就是國外的速食企業已經具有豐富的經營經驗，這非常值得台灣的速食行業參考。

從上面的例子中可以看出，借助國外速食業的經營理念、管理模式和相關經驗，我們可以把富有特色的傳統小吃和點心等資源做成台式速食，並更進一步發展速食業。

事實上，這就是我們常說的俗語「借雞下蛋」，即借別人的雞，下自己的蛋。由此可見，將國民儲蓄作為新的投資並不是唯一的辦法，吸引境外資金也是一條極為重要的途徑。

境外投資透過幾種方法，獲得經營管理權

境外投資（Overseas Investment）指的是**投資主體透過投入貨幣、有價證券、實物、智慧財產權或技術、股權、債權等資產和權益，或是藉由提供擔保，獲得境外所有權、經營管理權及其他相關權益的活動。**

在中國，境外投資從改革開放以來，逐漸從原來的單一投資主體，發展到後來的投資主體多樣化，尤其是在一九九〇年代以後，境外投資開始呈現高速發展，進而帶動經濟成長。

來自國外的投資形式也有很多種，比如說，外國的生產工廠在國內開設工廠或企業；或者允許外國人擁有部分國內企業的股份；又或者是讓國內的企業到境外上市，並允許外國人購買其股票。

一般來說，世界銀行（World Bank）或國際貨幣基金組織（International Monetary Fund，簡稱IMF）等國際組織，往往都是向世界上的少數先進國家籌集資金，然後用這些資金為開發中國家貸款，從而加強這些國家在文化、教育、體育、衛生等各方面的投資。在以和平與發展為主題的現代，境外投資在客觀上也有謀求各國共同繁榮的作用。

知識連結

境外投資的基本內容可以從以下六個方面理解：

①投資主體

進行境外投資的投資主體包括兩大類。一是境內的各類法人，包括各類工商企業、國家授權投資的機構和部門、事業單位等，境外投資者可投資這些機構，而這些機構受國內法律的管轄約束。另一類是由國內投資主體控股的境外企業或機構，境內機構透過這些境外企業或機構，對境外進行投資。

②投資地區

適用於境外投資專案核准的投資地區，不僅包括外國，也包括特別行政區。凡在國外任何地區進行的投資，均為境外投資。

③ 出資形式

境外投資所投入資產的形式十分廣泛，包括貨幣資金、股票、債券、信託憑證等金融資產，以及各類實物資產，或是智慧財產權、專有技術等無形資產。

由此可見，只要向境外輸出資產，無論任何形式，都應按照境外投資專案核准的相關規定履行相應的行政許可手續。

④ 投資方式

包括初始投資或再投資等各類新建項目及改擴建項目，包括收購、合併、參股、增資擴股等權益投資活動，同時也包括對境外投資提供擔保的行為。

⑤ 投資目的

境外投資即是獲得對境外資產或經營活動的所有權、經營管理權及其他相關權益，如收益分配權、資產支配權、資源勘探或開發權。

境外投資的目的可以是為了在境外進行生產、銷售、經營或研發，也可以是為了在境外進行融資。

⑥ 投資領域

境外投資的行業領域，可能涉及國內法律允許投資的各領域。

開店的米開朗基羅——經濟中的風險與防範

西元一五〇〇年，在義大利的佛羅倫斯採掘到一塊質地十分精美的大理石，其自然的外觀渾然天成，就像一尊人像。這塊大理石靜靜地躺了很久，都沒有人敢動。直到有一天，有位雕刻家只在大理石的後面鑿一下，就瞭解自己沒有能力駕馭這塊石頭，於是立刻放棄。

後來，大雕刻家米開朗基羅（Michelangelo）用這塊大理石，雕刻出「大衛像」這個曠世無雙的傑作。不巧的是，那位先看到大理石的雕刻家在石頭上的第一鑿打得太重，竟在大衛像的背上留下一點傷痕。

有人問米開朗基羅：「這個人留下這麼深的傷痕，會不會太冒失了？」

意外的是，米開朗基羅微微一笑，回答說：「不會。如果沒有前面這位雕刻家的一鑿，也許就沒有大衛像。他的冒險給了我更多的勇氣。」

在世界上生活、做決策，自然就要承擔許多的風險。由此可見，做任何事，都必須面對潛在風險，關鍵在於我們敢不敢去冒險。當涉及經濟領域，風險的作用和危害更顯得尤為重要。

必然出現的風險，可以用哪些方法轉移

經濟風險（Economic Risk）是指**因經濟前景的不確定性，各經濟實體在從事正常經濟活動時，蒙受經濟損失的可能性。經濟風險則是市場經濟發展過程中的必然現象**。

當我們處在簡單的商品生產條件下，由於交換範圍狹小，產品更換週期較長，所以雙方都易於把握收益，風險相對較小。但是，隨著市場經濟發展，生產規模不斷擴大，產品更新速度過快，社會需求量因此變化，風險也就跟著增加。

人們在不確定的條件下從事經濟活動，就會產生風險。通常，經濟學家習慣把

不確定性與風險連繫到一起，但也強調這兩者之間的區別。一般來說，風險出現的可能性可以用機率來衡量。機率越大，出現某種結果的可能性就越大。

生活中許多風險的機率，都可以根據歷史資料或相關資訊進行預測。以米開朗基羅為例，假設因大衛像的雕刻藝術十分精湛，國王賞給米開朗基羅十萬元。米開朗基羅用這些錢開設一家雕塑店，每年可以獲利三萬元。若將原本的十萬元拿來從事有風險的投資，米開朗基羅能獲利十萬元，但一旦失手就會虧損十萬元。這時，米開朗基羅獲利的機率是〇・七，遭遇風險的機率則是〇・三。

預期收入（Anticipated Revenue）指的是從事風險活動時，長期平均的收入，但具體來說，每一次都可以透過投機活動轉移風險。在這個活動中，轉移風險的另一種方法就是購買**保險**（Insurance）。保險大多是透過把一個人的風險分攤給多人的方式，以減少個人承擔的風險。透過向保險公司投保，在特定時候可以獲得一定數目的保險費，用以彌補自身的風險損失。

此外，有關風險管理的問題，人們大多運用「不要將雞蛋放在同一個籃子裡」的原則，進行多元化投資。

知識連結

經濟風險可按其產生的原因分為以下幾類：

①**自然風險**：指由於洪災、火災、地震、流行性傳染病等**自然因素**引起的風險。

②**社會風險**：指由於偷盜、戰爭、政治動亂等個人或團體的**行為因素**引起的風險。

③**經營風險**：指商品在生產或銷售過程中，因**經營管理不善**或**市場供求**等因素引起的風險。

重點整理

- 理財並不是等到錢多才開始，錢少才更要理財。
- 股東能透過股票轉讓收回投資，但不能要求公司返還出資。
- 投機行為的關鍵，是判斷未來是否有願意出更高價格的人，也就是比自己更大的笨蛋。
- 企業的資源和資本有限，但市場機會無限。因此，可透過發展多元化投資，分散資源和資本。
- 當企業的資本收益率大於企業其他的平均收益率，稱為優質資產，反之則稱為劣質資產。
- 投資人或金融機構所持有金融產品的集合（例如股票、基金），稱為投資組合。投資組合的目的在於分散風險。

■ 只要是在國外任何地區進行的投資，都稱為境外投資。

■ 經濟風險是指在從事正常經濟活動時，蒙受經濟損失的可能性，是市場經濟發展過程中的必然現象。

第 5 章

管理勝出靠的是業績，還是省成本？

預防是解決危機的最好方法。

——邁克爾・里杰斯特（Michael Regester）

處於淡季的航空公司——固定成本與可變成本

米蘭是一家航空公司的股東。某天她在乘坐自己公司的飛機時，意外發現機艙內的兩百個座位中，只有四十個座位上有乘客。隨後，她在這段期間碰到好幾次類似的情況，開始擔憂公司的經營狀況。她憂心忡忡，決定找學過經濟學的朋友聊聊，請他幫忙分析一下，自己是否該拋售手中航空公司的股票。

針對米蘭的憂慮，她學經濟的朋友查爾斯，便從經濟學中**短期**（Short Run）與**長期**（Long Run）的概念進行分析。在經濟學中，短期和長期並不是一般說的時間長短概念，而是指**生產要素**（Factors of Production）的變動性。

短期中的生產要素，分為固定生產要素和可變生產要素。

固定生產要素是不會隨變數變動的生產要素。以航空公司為例，飛機、工作人員等生產要素即為固定生產要素，無論飛行次數、乘客人數多少，都不會因此改變。

可變生產要素則是會隨產量變動的生產要素，例如飛機飛行所耗費的油料，以及乘客人數和飛行次數等。

在長期中，一切生產要素都是可變的，飛行次數與乘客人數多的時候，可以多購買飛機、多雇用工作人員。難以維持經營時，則可解雇工作人員或賣掉飛機。

對每個企業而言，由於固定生產要素與可變生產要素不同，調整的難易程度不同，短期與長期的時間長度也有所不同。因此，對於民航公司來說，長期的時間會比較長。

航空公司能繼續經營，有哪些條件

雖然長期中的成本都是可變的，但短期中成本又分為**固定成本**（Fixed Cost）與**變動成本**（Variable Costing）。固定成本用於固定生產要素支出（註：如民航公司的飛機維修費、工作人員的工資），變動成本則用於可變生產要素支出（汽油費）。兩者之和即為短期總成本，而分攤到每位乘客的成本為**平均成本**（Average Cost），包括**平均固定成本**（Average Fixed Cost，簡稱AFC）與**平均變動成本**（Average Variable Cost，簡稱AVC）。

和其他企業一樣，從長遠來看，如果航空公司的收益大於成本，就有利潤；如果收益等於成本，則無利潤；如果收益小於成本，就會破產。只要收益與成本相等，就可以維持營運。這個道理很簡單，關鍵是在短期中，航空公司能維持下去的條件是什麼？

米蘭的朋友說，該航空公司仍在經營，代表票價最少等於平均變動成本。公司買的飛機短期內無法賣出去，雇用的工作人員也不能解雇，而且即使不飛行，仍需負擔飛機折舊費和工作人員的工資。儘管乘客不多，但只要這些乘客帶來的收益，大於或等於飛行時汽油及其他支出，公司就能夠繼續經營。

知識連結

變動成本指的是在一定銷售額的範圍內，隨著銷售產品數量增減而同步變化的成本。

變動成本通常包括分紅、獎金、郵寄費、運輸費、部分稅收（增值稅）、交通費、廣告和促銷費等。

要利益聯姻還是大魚吃小魚？——合作兼併需謹慎

香港首富李嘉誠的崛起史中，用旗下的長江實業收購和記黃埔有限公司，無疑是個成功的決定，此壯舉為他成為華商首富鋪墊了基石。

和記黃埔由兩部分組成，分別是和記洋行和黃埔船塢。一九七五年八月，為了充實資本，和記洋行以三分之二股權的代價，獲得滙豐銀行一億五千萬港元的投資。滙豐銀行於一九七七年，將其改組為和記黃埔有限公司。

李嘉誠正好計畫在這個時期開始收購，因此這一切他早就心中有數，但他並不急著收購和記黃埔，因為以他當時的流動資金，還不確定能否買下足夠的股票，以保證絕對的控股地位，但李嘉誠當時手上已有一千萬股九龍倉有限公司的股票，也得知當時被稱為「世界船王」的包玉剛想要收購九龍倉。如果他強勢買下九龍倉，必定會同時得罪包玉剛和幫助九龍倉的滙豐銀行。

於是，李嘉誠秘密會見包玉剛，表示他願將九龍倉股票轉給包玉剛，請包玉剛將和記黃埔的一千萬股股票轉給他，幫助他收購和記黃埔。和包玉剛會面時，李嘉誠的目的很明顯，他的收購已經完成了一半。

接下來，李嘉誠做的事更顯現出他的智慧。他順水推舟，放棄收購九龍倉，沒有得罪滙豐。同時，李嘉誠以每股七・一港元的價格，買下了滙豐銀行手中九千萬股和記黃埔的股票。這下李嘉誠以自己僅有的一億港元資產，就控制了價值六十二億港元的和記黃埔，成為香港第一個掌控洋行的華人。從此之後，李嘉誠的事業便逐漸壯大。

李嘉誠超凡的生意頭腦向我們揭示一個道理，就是合作併購必須謹慎。

併購後，才能看出收購者的手腕

併購（Mergers and Acquisitions，簡稱M&A）指的是**在企業競爭中，部分企業**

因為某些原因無法繼續正常運行，考慮到員工等各方面利益，按照固定形式進行企業併購和股權轉讓，從而實現企業轉型，達到企業重組的目的。

在前面的例子當中，九龍倉是個家族企業，收購它就表示必須**處理各種後續問題**，如果同時得罪同業，將要付出很大的代價。相較之下，和記黃埔是個合資企業，只要處理好各方面的利益，就能順利接手、完成收購。但要是併購重組做得不正確，也可能會毀掉一家公司。由此可知，併購的關鍵取決於**收購的水準**和**收購後資產整合的能力**。

企業的併購重組必須遵循一定的原則，除了要堅持企業相互自願協商的原則，不受地區的隸屬關係限制，還必須符合國家相關法規及產業政策。如此立足優勢互補，有利於優化結構，提高經濟效益。

併購方需要具備承擔被併購企業的債務，並為被併購企業增資，振興企業的能力，同時也不能損害社會的公共利益，以及債權人和職工的權益，更不得形成壟斷和妨礙公平競爭，必須符合建立現代企業制度的方向，按照新的企業經營機制運行，促進企業的改革、改組、改造，加強企業管理。

知識連結

企業文化整合是統整企業內不同的文化傾向或因素，即文化主張、文化意識和文化合一的過程。若要企業文化整齊有序，須經過確實的整合。

企業文化創新，指的是企業將人與人的組合，作為基礎經營主體，其經營行為最終**必然走向人性化**。也就是說，**企業的所有活動最終都要靠人來執行**。

因此，企業制度和經營戰略的創新，最終都必然會顯現在人的價值理念中，並以企業文化的形式表現出來。

如果從形式的角度來看，這裡所說的企業文化屬於人的思想範疇，也可說是價值理念。從內容的角度來看，則是企業制度與經營戰略等活動，反映在在人的理念上。因此，企業文化也是企業走向高效發展過程中，極為重要的關鍵。

產品如人，也有生老病死——產品生命週期

一九七〇年代，市場上的牙膏種類非常少，牙膏市場也相當冷清。

就在這個時候，北京一家很有遠見的化學工廠，研發出一種中藥牙膏，他們將中藥融入牙膏之中，保健效果比普通牙膏更好，該產品一上市，便獲得消費者的眾多支持，銷量也非常好。

一九七八年，這種中藥牙膏開始大量生產，隨後便成為牙膏市場上的暢銷商品。在這種情況下，工廠理應擴大生產規模，增加產品數量，滿足市場需求，爭取更多的利潤。然而，因為當時工廠老闆的決策出現問題，加上現金流開始出現斷流，使得原先的大好機會就此溜走。

這項產品直到一九八二年才開始擴大生產規模，但是從產品投入到成熟，他們

花了長達三年的時間。這段時間內，中藥牙膏產業異軍突起，到了一九八五年，這項產品開始出現滯銷的情況，並且迅速進入衰退期。之後，他們試圖以低廉的價格佔據市場，但由於原料價格上漲，企業的生產成本增加，工廠也逐漸出現虧損。

這個小故事揭示了一個經濟學原理，就是**產品生命週期**（Product Life Cycle，簡稱PLC）。

產品能活多久，端看決策者的選擇

產品生命週期，是指產品從進入市場到退出市場所經歷的過程。產品只有經過研究開發、行銷測試，然後進入市場，它的市場生命週期才算開始。產品退出市場，則標誌著生命週期的結束。

產品生命週期分為四個階段：投入期、成長期、成熟期、衰退期，在每個階段都必須具備特定的行銷策略。如果只使用同一種銷售手段，很容易使產品面臨淘汰的危機。

在前面的故事中，工廠在產品的生命週期第一個階段做得很好，使得新產品剛進入市場，就獲得高評價和利潤。

在生命週期的第一個階段（投入期），很多顧客對於新興產品非常感興趣，所以在這個階段，營業額比較多。

第二個階段（成長期），顧客對產品已經熟悉，大量的新顧客開始購買，市場逐步擴大。在這個階段，工廠應該增加產品產量，使更多商品進入市場，滿足消費者的需求。但是在這個階段，工廠並沒有做出增加產量的決定，導致產品錯過最佳的時機。

生命週期的第三個階段（成熟期），由於更多的同業（競爭者）加入生產行列，使得產品的利潤降低。

最後一個週期（衰退期）當中，由於工廠沒有即時研發新產品或進行技術改良，導製產品滯銷，最後停滯不前。

掌握並瞭解產品的生命週期，對於企業來說非常重要。許多產品就是因為決策者沒有掌握這個規律，使得產品錯過佳機，只能退出市場。

知識連結

產品生命週期的四個階段及其特點：

投入期：新產品剛投入市場。顧客對產品還不瞭解，只有少數追求新奇的顧客可能購買，銷售量很低。為了擴展通路，需要大量的促銷費用進行宣傳。在這一階段，由於技術尚未成熟，產品還不能大量生產，因此成本高，銷售速度慢，企業不但無法營利，反而可能虧損，產品也有待進一步改善。

成長期：顧客已經熟悉產品，大量的新顧客開始購買，市場逐步擴大。產品能夠大量生產，生產成本相對降低，企業的銷售額迅速上升，利潤也大幅增長。其他競爭者看到有利可圖，將會紛紛進入市場參與競爭，使同類產品供給量增加，價格隨之下降，企業利潤增長速度逐步減慢，最後達到生命週期和利潤的最高峰。

成熟期：市場需求趨向飽和，潛在的顧客減少，銷售額增長速度減緩，並直轉而下降。在這一階段，競爭逐漸加劇，產品售價降低，促銷費用增加，企業利潤下降。

衰退期：隨著技術發展，新產品或新的代用品出現，使顧客的消費習慣發生改變，繼而轉向其他產品，使原來產品的銷售額和利潤額大幅下降。

「少數服從多數」的危險——阿羅悖論

美國有個特殊的民族——艾美許（Amish，註：又稱亞米胥派，是基督教會的一個分支，以拒絕現代設施聞名），他們的習俗是十五歲後，就必須停止義務教育、離開學校，並開始工作。

由於大量的艾美許人不願升學，但美國的法律是到高中畢業都屬於義務教育，因此政府強制艾美許人升學，結果引發了他們的強烈抗議。

艾美許人覺得民族權益受損而告上法院，雖然艾美許人公開對抗的是國家的法律，但當時的法官主張保護艾美許人的「不受教育權」。法官認為，艾美許人不受教育並沒有危害社會，不能因為多數人民的利益而壓倒少數人的自由，因此決定「尊重多數，同時保護少數，不要求少數絕對服從多數」。

「少數服從多數」的原理在許多情況下並不適用，尤其是在企業管理上。所以，有時「多數服從少數」的原則，也是智慧的體現，這裡面隱藏著一個定理，就是「**阿羅悖論**」（Arrow Paradox）。

少數服從多數，未必是最佳選擇

阿羅悖論，指的是**如果眾多的社會成員具有不同的偏好，而社會又有多種備選方案，則不可能得到令所有人都滿意的結果**。這項定理由諾貝爾經濟學獎得主肯尼斯・阿羅（Kenneth Arrow）於一九七二年度提出。

阿羅悖論說明，**少數服從多數的投票原則無法讓所有人選出一致的順序**。如此一來，合理的政策只能來自一個足以令眾人信服的政府機關，但不可能借助投票達到協調一致的結果。

前面的小故事正好能夠解釋阿羅悖論。故事裡的法官並沒有遵循多數決，因為大多數的意見並不能得到社會的贊同，艾美許人的習俗也沒有危害社會的利益，因此不能為了服從大多數人的要求，選擇犧牲民主。

阿羅悖論說，多數決反而會產生獨裁體制

根據阿羅悖論的解釋，**採取多數決的規則，勢必會隨之出現獨裁體制**。我們通常以為多數決能夠促成民主主義，但在現實中並非如此。就民主主義社會而言，基於多數決的投票結果，有時會導致**投票悖論**（Condorcet Paradox，註：當投票人數多於兩人，則無法得出眾人公認的最佳結果。阿羅悖論的靈感即來自投票悖論）。阿羅認為，投票悖論並非經常發生，其實具有一定的偶然性。

知識連結

投票悖論，指的是透過「多數原則」將個人選擇實現到集體選擇時，

在過程中遇到的障礙，這是阿羅悖論中也會出現的難題。

根據**公共選擇理論**（Public Choice Theory，註：以現代經濟學分析民主政府各種問題的學科）對投票行為的研究，假設人們的福利受到投票結果影響，並因而再次發起投票，投票的作用是將個人偏好轉化為社會偏好。但在多數決原則下，將難以出現穩定一致的結果。

微軟壟斷與反托拉斯政策——壟斷與反壟斷法

二〇〇九年六月，美國聯邦地區法院的法官傑克遜，做出將微軟一分為二的判決，在二〇一〇年六月二十八日，美國哥倫比亞特區聯邦上訴法院裁決駁回，但有關微軟從事違反**反壟斷法**（Competition Law，註：又稱為競爭法、獨占禁止法，或反托拉斯法）的判決，則維持不變。上訴法院甚至要求地區法院指定一位新法官重新審理這件歷史性的反壟斷案。

在美國，一家公司擁有壟斷地位或企圖獲得壟斷地位未必違法，但是透過「不正當行為」維持或獲得壟斷地位，卻是違法的。美國司法部就是指控微軟「從事不正當的競爭行為」。

美國政府對微軟的反壟斷行動已歷時多年，可追溯自一九九〇年，聯邦貿易委員會（Federal Trade Commission，簡稱FTC）針對微軟壟斷市場的指控，展開大規模調查，其間經歷兩屆總統。根據司法部的指控，傑克遜曾於一九九七年年底裁定，禁止微軟將其網路流覽器與「視窗」（即Windos系統）成套銷售，但上訴法院在一九九八年五月駁回了傑克遜的裁決。

於是，司法部於一九九八年五月再次將微軟拖上被告席，這一次微軟差點被拆成兩家公司。

比起壟斷，競爭更能帶來創新

相較於美國歷史上的重大反壟斷案，微軟案具有顯著的特點。首先，微軟基本上是獨立興起的壟斷公司，而在一九一一和一九八四年分別被拆開的美孚石油公司和美國電話電報公司，則都是靠吞併競爭對手，才成為業界龍頭。

其次，**微軟的發展是以智慧財產權及知識創新作為基礎**。微軟雖然對個人電腦作業系統市場擁有絕對壟斷權，但並沒有利用這個優勢哄抬價格，網路流覽器一開始甚至是免費贈送。

此外，這是美國進入新經濟時代以來，最具代表性的反壟斷案件，很可能成為今後高科技領域反壟斷案件的代表性判例。

針對這個具有代表性的案件，美國司法部發出「推動創新」的訊號。在傑克遜做出分割微軟的判決前夕，當時的司法部部長雷諾曾經表示，對微軟採取反壟斷調查是為了創造競爭環境，以增加消費者的選擇。這種觀點得到不少反壟斷專家的贊同。

美國布魯金斯學會反壟斷問題專家羅伯特・利坦（Robert Litan）認為，在美國的大多數行業中，創新是最重要的推動力。因此，微軟一案必須具有開創先例的價值。美國著名經濟學家保羅・羅默（Paul Romer）也同樣支持對微軟採取反壟斷調查。他認為，創新是決定消費者福利的最重要因素，而且競爭比起壟斷更可能帶來創新。

唯有這些條件成立，才構成壟斷

壟斷（Monopoly）一般指唯一的賣家面對眾多消費者的市場類型。這與買者壟斷（Monopsony，註：指只有一個買家面對眾多賣家的市場類型）剛好相反。而且，**壟斷者在市場上，能夠隨意調節價格或產量。壟斷也可稱為獨占，即一個市場上只有一個經營者**。

與競爭企業相同，壟斷企業的目標也是**利潤最大化**。然而，壟斷帶來的市場結果往往不符合社會利益，因此政府可以透過行政手段，改善這種不利的市場結果。微軟公司的官司即是一個例子。

其實，美國政府將促進創新作為反壟斷政策的重點，不僅僅體現在微軟案中。數年前，司法部否決洛克希德・馬丁公司對諾思羅普・格魯曼公司的併購，理由就是這兩大軍火公司的合併，將阻礙美國國防技術的創新。

保持創新活力，可說是美國經濟繼續領先於世界的關鍵，因此美國反壟斷政策的重點，逐步從維護價格競爭轉向促進創新，也就不足為奇了。

對於一家企業來說，高市場佔有率並不違法，但是當企業利用其市場的支配地位**設置障礙**、**阻止其他競爭者進入**，或者以**捆綁銷售**等方式或手段進行**不平等競爭**時，才構成壟斷行為。

知識連結

壟斷優勢理論（Monopolistic Advantage Theory，註：又稱為獨佔優勢理論）是一九六〇年由美國學者史蒂芬・海默（Stephen Hymer）提出。他在麻省理工學院完成的博士論文《國內企業的國際化經營：對外直接投資的研究》（*The International Operations of National Firms: A Study of Direct Foreign Investment*）中，率先對傳統理論發起挑戰，首次發表了壟斷優勢理論。

之後，麻省理工學院的查爾斯・金德爾伯格（Charles Kindleberger）在海默的基礎上，對壟斷優勢理論進行補充和延伸。它是一種**闡明當代跨國公司在海外投資具有壟斷優勢的理論**。

此理論認為，若想考察對外直接投資，應從「壟斷優勢」著眼。有鑒於海默和金德爾伯格對該理論均做出了巨大貢獻，有時又將該理論稱為「**海默—金德爾伯格傳統**」（H-K Tradition）。

菲力浦·津巴多的實驗——破窗效應

一家知名理髮店的窗戶破了一角，老闆因為很忙，抽不出身修理。有天晚上，一個小男孩路過這裡，看到已經破了一角的窗戶，一時手癢便撿起石頭砸過去。這一下，砸碎了一半的玻璃。老闆趕到門口時，小男孩已經逃走了。雖然老闆知道必須修理窗戶，但因為依舊很忙，還是沒有理會破了一半的窗戶。

過了幾天，小男孩再次從理髮店門口經過，看見破窗依然在，小男孩又撿起石頭砸了過去。這一次，窗戶上僅剩的半截玻璃都碎了。當氣憤的老闆聽到碎裂聲趕到門口時，小男孩又逃走了。

老闆不得已，只好更換新的玻璃。在這之後，為了防止玻璃再被打破，老闆晚上悄悄在店門口埋伏，卻沒再看到砸玻璃的小男孩。而且，玻璃窗修好後，再也沒人來丟石頭砸窗戶了。

一扇破窗，可能帶來更大的問題

破窗效應（Broken windows theory）是環境對人們心理造成的影響，可能帶有暗示性或誘導性。其最早出現在弗雷德里克・巴斯夏（Frederic Bastiat）的文章《看得見的與看不見的》（*That Which Is Seen and That Which Is Not Seen and The Law*）的第一節，因此他被稱為「破窗之父」。

破窗效應，是指如果有人打壞了一棟建築物的窗戶，而這扇窗戶又沒有及時維修，別人就可能受到該環境的某些暗示，進而打破更多窗戶。

日常生活中，我們也經常遇到類似的事：一面牆上如果出現一些髒汙，很快地，牆上就會佈滿亂七八糟、不堪入目的塗鴉；在一個很乾淨的地方，人們會不好意思丟垃圾，一旦地上有垃圾出現，人們就會毫不猶豫地隨地亂丟垃圾，絲毫不覺得羞愧。另外，財物放在桌上，大門沒有隨手關上，都可能使人心生貪念；違反公司規定的行為沒有得到處罰，員工便不會重視，從而使類似行為再次甚至多次重複發生。

在管理實踐中，管理者必須提防那些看起來個別、輕微，但牴觸公司核心價值的「小過錯」，並嚴格依法管理。「**千里之堤，潰於蟻穴**」，若不及時修好第一扇被打破的窗戶，就可能帶來無法彌補的損失。

知識連結

美國史丹佛大學心理學家菲力普・津巴多（Philip Zimbardo）於一九六九年進行了一項實驗。他找來兩輛一模一樣的汽車，將其中一輛車停在加州帕羅奧圖的中產階級社區，另一輛車停在相對雜亂的紐約布朗克斯區。

他把停在布朗克斯那輛車的車牌摘掉，把頂棚打開。結果，那輛車當天就被偷走了。停在帕羅奧圖的車，過了一個星期也無人理睬。後來，津巴多用錘子把那輛車的玻璃敲了個大洞。接著，僅僅過了幾個小時，這輛車也不見了。

以這項實驗為基礎，政治學家詹姆斯·威爾遜（James Wilson）和犯罪學家喬治·凱琳（George Kelling）提出「破窗效應」理論，他們認為：如果有人打破窗戶的玻璃，玻璃又得不到及時的維修，別人就可能打破更多的窗戶。久而久之，這些破了的窗戶就給人造成一種缺乏秩序的感覺。結果在這種公眾麻木不仁的氛圍中，犯罪就會滋生、猖獗。

為什麼小孩不來玩了？——激勵制度

有個喜好安靜的老人住在環境優美的市郊。但是，這裡每天中午都會有一群孩子跑來，吵吵鬧鬧到很晚才離開。

喜歡安靜的老人十分討厭這群孩子，他不希望這些孩子破壞他原本安適的生活環境。但如果直接請這些孩子離開，恐怕會適得其反。左思右想，老人終於想出一個好辦法。

他來到孩子們面前並對他們說：「孩子們，我很高興你們來陪我。以後，我每天給你們一人五元當作獎勵。」孩子們聽了非常高興。

幾天後，老人再次來到孩子們面前，對他們說：「以後每天只能給你們每人一元。」孩子們有些不高興，但還是勉強接受。

過了幾天，老人對湊上前來的孩子說：「以後每天只能給你們每人一角。」孩子們聽後生氣地說：「給這麼少的錢，以後我們再也不來了。」

從此，老人過上安適平靜的生活。

從經濟學的角度出發，如果把老人給錢的行為，看作是對孩子們的激勵，孩子們接受老人的錢是為了獲得個人利益，當老人對孩子們的激勵逐漸減少，孩子們都認為自己的利益受到損害，所以不願意再來陪老人。

站在孩子們的角度來看，因為老人給錢，過來玩已經成為一種金錢激勵，當激勵減少，他們便會惱怒不平。也就是說，聰明的老人成功運用反激勵，達到自己的目的。

有效的激勵機制，能提高員工積極性

激勵制度（Motivate Mechanism）也稱為**激勵機制**（Motivation System），是透過一套理性化制度，反映激勵主體與激勵客體相互作用的方式。激勵機制的內涵就是構成這套制度的要素。

統一個人利益與組織利益，讓個人在實現自身利益的同時，也能實現組織的整體利益，這個制度就是激勵機制。激勵機制一旦形成，就會作用於組織系統本身，使組織機能持續運行，並進一步影響生存和發展。

在能力相同的情況下，激勵效果的高低，將決定工作成績的好壞，而且綜合運用多種激勵方法能夠提高整體效果。

五種激勵方法，幫助組織壯大

激勵機制是否產生影響，取決於激勵方法是否能滿足個人需要。主要的激勵方法包括以下幾種：

①**物質激勵**：透過滿足個人利益，激發人們的積極性與創造性。物質激勵需要相應的制度加以保障，必須公正、不能一視同仁，否則既會助長落後者的懶惰，

也會傷害成績突出者的努力動機，從而失去激勵的意義。

②**精神激勵**：即內在激勵。指的是精神方面的無形激勵，主要透過滿足個人自尊、自我發展和自我實現的需要，在較高層次上調動個人的工作積極性。精神激勵又可分為目標激勵、榮譽激勵、感情激勵、信任激勵、尊重激勵等五種。

③**任務激勵**：讓某人肩負起與其才能相適應的重任，由社會提供個人獲得成就和發展的機會，滿足其事業心與成就感。

④**數據激勵**：利用資料的明顯印象，激發強烈的動力。數據激勵就是把各人的行為結果，用數字對比的形式反映出來，以便激勵上進，鞭策後進。

⑤**增強激勵**：對良好行為給予肯定，即正增強，使其能繼續保持；對不良行為給予否定與懲罰，即負增強，使其能記住教訓，不再犯同樣的錯誤。

激勵機制有助於反覆強化，使個人做出符合組織期望的行為，這樣的作用能讓組織發展壯大，不斷成長。

此外，儘管激勵機制設計者的初衷是希望透過激勵機制的運行，增強個人的積極性，實現組織目標。但是，一旦激勵機制本身有漏洞，或缺乏可行性，都會抑制、削弱某些人的積極性。

知識連結

兩因理論（Two Factor Theory），也可稱為**激勵保健理論**（Motivator-Hygiene Theory），是由美國行為科學家弗雷德里克・赫茨伯格（Frederick Herzberg）提出。這項理論認為，**各種因素的激勵深度和效果並不相同。**

小老闆的困惑——經營權和所有權

有鑑於公司附近的人潮較多，小王在公司旁租下一家小吃店，並雇用了一個自認為可靠的店長打理。每天中午或者晚上下班時，小王才忙中偷閒，到小吃店協助生意或者結算開支。

最初營業時，雇用的代理店長還算勤快，只是偶爾抱怨或自吹自擂。但日子久了，代理店長竟開始「獨當一面」，小王這時才發現，代理店長早就開始假公濟私、暗度陳倉。經常出現飯錢不入帳，或是順手牽羊將店裡的東西給家人。

小王支付代理店長不少薪水，但依現在的情況來看，別說自己開店的本錢收不回來，還可能有虧錢的危險。但如果換個人幫忙打理，又不知道請的人適不適合；要是關門大吉，自己又覺得不甘心……。

小王徹底困惑了。

經營者雇用的代理店長是員工嗎？

私有企業的經營權，指的是董事會及經理人員，代表公司法人經營業務。國有企業的經營權，是指國家授予企業經營管理的權利，包括財產佔有、使用和依法處分等。

經營權（Managerial Authority）是指，**企業的經營者掌握該企業法人財產佔有、使用和依法處置的權利**。企業只有在擁有企業法人財產的經營權之後，才能根據市場的需要，獨立做出企業的經營決策，自主展開生產經營活動。與所有權相比，經營權缺少一項收益的權能，也就是在不變更生產資料的前提下，依法佔有、支配和使用所有者生產資料和商品的權利。

通常，**經營權屬於所有者本人，但也可根據法律、行政命令和依照所有者的意志，轉移給他人，這種轉移是合法的，也受到國家法律的保護**。

所有權（Ownership）是所有人依法可佔有、使用、收益和處分自己的財產的權利。它是一種財產權，所以又稱財產所有權。所有權是物權中最重要也最完全的一種權利，具有絕對性、排他性、永續性三個特徵，具體內容包括**佔有**、**使用**、**收益**、**處置**等四項權利。

在瞭解經營權和所有權之後，回過頭來仔細分析，是什麼讓故事中的小王如此困惑。小王的公司制企業中，**所有權與經營權是分離的**。

企業中，所有者完全佔有剩餘（註：總收益減去合約報酬）的制度，能對企業的經營者產生激勵制度：所有者追求的是剩餘最大，經營者追求的是自身報酬最優。小王的困惑源於代理店長的**剩餘索取權**（Residual Claim）問題，也就是代理老闆除了享有工資外，還應享有店面最後的盈餘成果。

經營店面的代理店長和投資開店的小王因為最後盈餘問題，導致二者的利益相互影響。此時的代理店長，已不僅僅是投資者的幫手或管理者，還成為入股者之一。對於代理店長來說，他是在以人力資本進行入股。

事實上，**代理店長與純粹的員工是不一樣的**；員工做的是雇主交代的工作，代理店長靠自己的才能管理店面，但店面並不屬於他。

知識連結

所有權與經營權分離是一種管理制度和原則，指的是把經營者所擁有的經營自主權適當分離。

為了適應經濟體制和市場經濟運行機制，釐清所有者、經營者和生產者的關係，才能促使企業成為符合市場客觀需要的經營者（自主經營、自負盈虧）。所有權與經營權分離共有三個基本原則：

①**政府與企業職責分開**的原則，使企業成為相對獨立的經濟實體。

②**責任、權利、利益互相結合統一**的原則，即透過法律、法規、契約和相關政策，確定國家與企業、所有者與經營者之間的責任、權利和利

益關係，規定各自的行為，使三者方面緊密相關，密切配合。

③ **統籌兼顧國家、企業和勞工三方利益**的原則。特別是使企業的經營成果、貢獻度與企業和勞工的物質利益連接，在提高勞動生產率和經濟效益的前提下，保證國家收入、企業留才、勞工福利和個人收入。

重點整理

■ 飛機、工作人員不會因為飛行次數、乘客人數多少而改變，因此可稱為航空公司的固定生產要素

■ 企業制度和企業經營戰略的創新，最終都必然以企業文化的形式表現出來。因為企業的經營必然走向人性化。

■ 如果在產品生命週期的四個階段，都使用同一種行銷策略，容易使產品面臨淘汰的危機。

■ 阿羅悖論，指的是如果眾多的社會成員具有不同的偏好，社會又有多種備選方案，則不可能得到令所有人都滿意的結果。

■ 當壟斷帶來的市場結果不符合社會利益時，政府可以透過行政手段加以改善。

- 破窗效應是指當管理上的錯誤出現，又沒有得到及時處理，其他人便可能受到暗示或縱容，使錯誤一再發生。
- 在能力相同的前提下，激勵效果能決定工作成績的好壞。激勵機制是否產生影響，取決於激勵方法是否能滿足個人的需要。
- 經營權一般屬於所有者本人，但也可根據法律、行政命令和依照所有者的意志轉移給他人。

NOTE

國家圖書館出版品預行編目（CIP）資料

連凱因斯也想學的 38 堂極簡經濟學：一看就懂！從投資到管理，讓你 3 年輕鬆賺千萬／錢明義著
--初版. --新北市：大樂文化，2019.12
224面；公分 . --（Smart；91）

ISBN 978-957-8710-52-8（平裝）
1. 經濟學 2. 通俗作品

550 108019920

SMART 091

連凱因斯也想學的 38 堂極簡經濟學

一看就懂！從投資到管理，讓你 3 年輕鬆賺千萬

作　　者／錢明義
封面設計／蕭壽佳
內頁排版／思　思
責任編輯／曾沛琳
主　　編／皮海屏
發行專員／劉怡安、王薇捷
會計經理／陳碧蘭
發行經理／高世權、呂和儒
總編輯、總經理／蔡連壽

出 版 者／大樂文化有限公司
地址：新北市板橋區文化路一段 268 號 18 樓之 1
電話：（02）2258-3656
傳真：（02）2258-3660
詢問購書相關資訊請洽：2258-3656
郵政劃撥帳號／ 50211045 戶名／大樂文化有限公司

香港發行／豐達出版發行有限公司
地址：香港柴灣永泰道 70 號柴灣工業城 2 期 1805 室
電話：852-2172 6513 傳真：852-2172 4355

法律顧問／第一國際法律事務所余淑杏律師
印　　刷／韋懋實業有限公司

出版日期／ 2019 年 12 月 16 日
定　　價／ 260 元（缺頁或損毀的書，請寄回更換）
I S B N　978-957-8710-52-8